ZEICHNEN LERNEN IN 5 WOCHEN

Das Anfänger-Mitmach-Buch für Jung und Alt

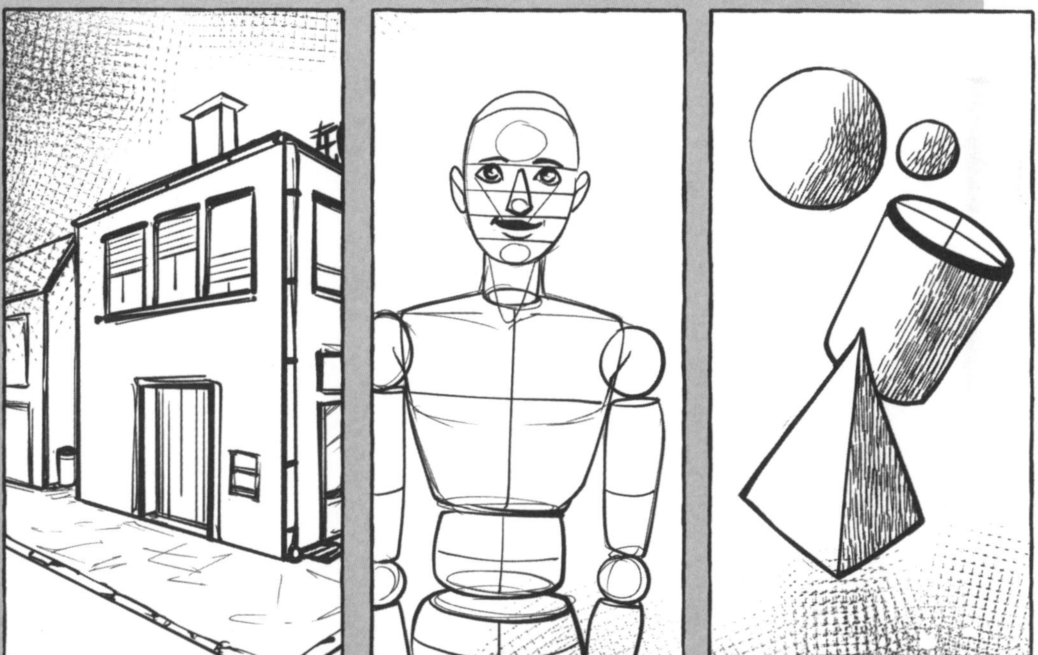

DAS IST KRITZELPIXEL

Isabel B. Zimmermann

Hallo, liebe Freunde des Kritzelns,

herzlich willkommen zu meinem Zeichenkurs „**Zeichnen lernen in 5 Wochen**".
Mein Name ist **Isabel**, und ich zeichne schon mein ganzes Leben. Wie man dieses Handwerk erlernen kann, **entdeckte ich aber erst ziemlich spät**. Früher dachte ich, wenn ich **nur genug zeichnete**, würde ich irgendwann schon besser werden. Doch das funktionierte nicht. Ich kam nur schleppend voran und war frustriert.

Damit es dir nicht so ergeht, möchte ich dich an die Hand nehmen und dich in diesem Buch **Schritt für Schritt an die Grundlagen** des Zeichnens heranführen. Auf 80 Seiten möchte ich dir die Basis vermitteln, auf der du aufbauen und dich wie von selbst **entwickeln** kannst. Außerdem gebe ich dir Tipps für die **Onlinerecherche**, falls du es bei bestimmten Themen doch genauer wissen möchtest.
Entscheide selbst, wie tief du eintauchen willst.

Wer neugierig ist, wer ich bin und was ich so mache, der kann meinen YouTube-Kanal besuchen. Schon 2009 begann ich **Zeichentutorials** hochzuladen, da meine Comicleser gerne wissen wollten, wie ich arbeite. Später gründete ich **www.kritzelpixel.de**.

Manch einer kennt mich auch aus meinen Gaming-Videos als **Honeyball**.
Ich arbeite seit über zehn Jahren als freiberufliche **Künstlerin**. Mein Geld verdiene ich mit dem Schreiben von **Büchern**, Zeichnen von **Comics**, Malen von **Illustrationen**, Moderation und dem **Streamen** auf Twitch.

Meine anderen Bücher und Comics sind auf meiner Website erhältlich, solange die Auflagen reichen. Vielleicht ist ja was für dich dabei.

Und jetzt viel Spaß und Erfolg mit meinem **Zeichenkurs**.

Grüße
Isabel

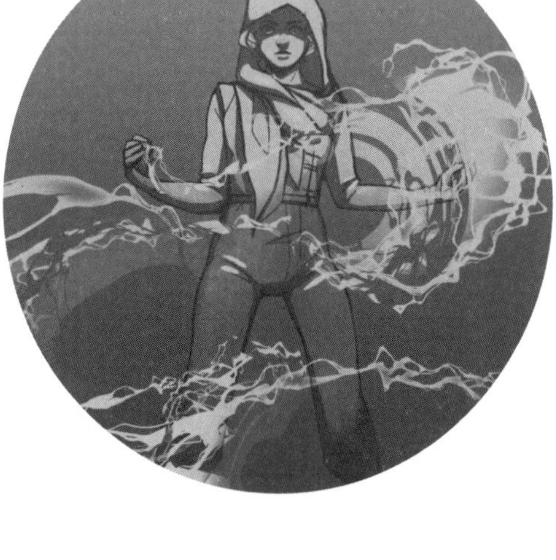

MEINE PHILOSOPHIE

Zeichnen lernen für Jung und Alt

Zeichnen soll **Spaß** machen! Jeder kann es lernen, das Talent spielt dabei keine Rolle, und jeder hat sein eigenes Tempo. In diesem Buch werfen wir die Perfektion über Bord und stellen **keine Anforderungen**. Denn sogar mit Strichmenschen kann man eine spannende Geschichte erzählen. Ein bisschen Mut, sich selbst auszudrücken, gehört dazu. Es geht vor allem um den Spaß an Gestaltung und **die Freude beim Lernen**. Niemand kann alle Motive der Welt aus dem Kopf zeichnen. Zeichnen zu können bedeutet, **anhand weniger Vorlagen sein Wunschmotiv zusammenzustellen**. Dafür musst du lernen, wie du Formen erkennst und diese zu Papier bringst. Das erfordert motorisches Können (ohne Kreis kein Ball) und du musst Dimensionen darstellen können.

Garniert mit einer Prise Design und Kreativität, und schon erwachen echte Drachen zum Leben. In fünf Wochen bringe ich dir alles Nötige dazu bei!

Und so geht's: Im ganzen Buch findest du **zahlreiche Übungen** und Schritt-für-Schritt-Anleitungen, am Ende jeden Kapitels gibt es Übungen für jeden Wochentag. Lies dir also erst **das Kapitel zur ganzen Woche** durch, ehe du damit beginnst. Natürlich kannst du auch mehrere Übungen an einem Tag machen oder nur alle paar Tage eine – das ist ganz dir überlassen – nur die richtige Reihenfolge ist wichtig.

Und natürlich kannst du auch so viel extra zeichnen, wie du magst.
Fortgeschrittene können Woche 1 als Aufwärmübung nutzen.

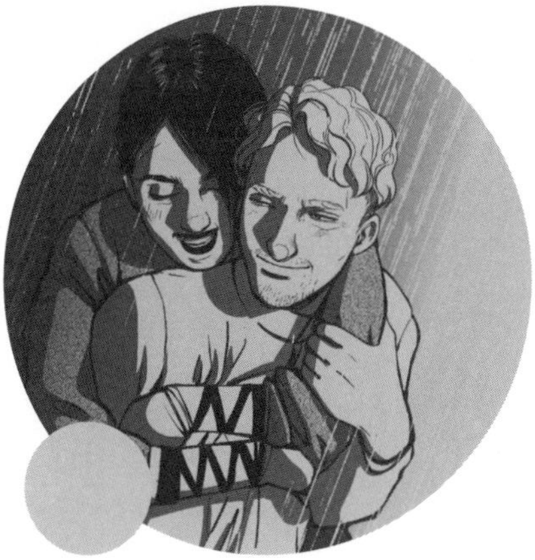

INHALTE DES BUCHES

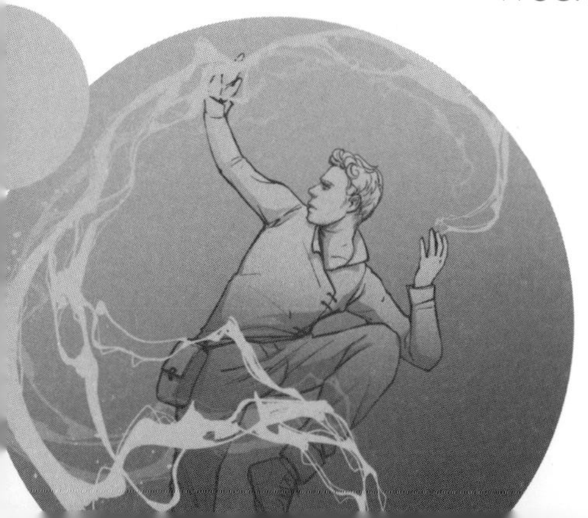

EIN BEISPIEL

Fangen wir doch gleich mit einer Beispielübung an. Zum **Mitmachen** kannst du jeden **beliebigen** Stift nehmen, der dir gerade zur Verfügung steht.
Mehr Informationen zu Zeichenmaterial für das Buch findest du auf Seite 8.

VOLLENDE DAS MUSTER

Du siehst hier **Schlangenlinien**, die sich in ihren **Kurven** treffen und so **Felder** ergeben. In diese **Freiräume** füllen wir jetzt hohe, geschwungene **Bogen**.

Das ist am Anfang ganz schön fummelig. Du wirst aber zunehmend besser werden. Vor **Jahren** entdeckte ich dieses Muster auf Pinterest und es erweiterte meine Wahrnehmung von Linien und Formen.

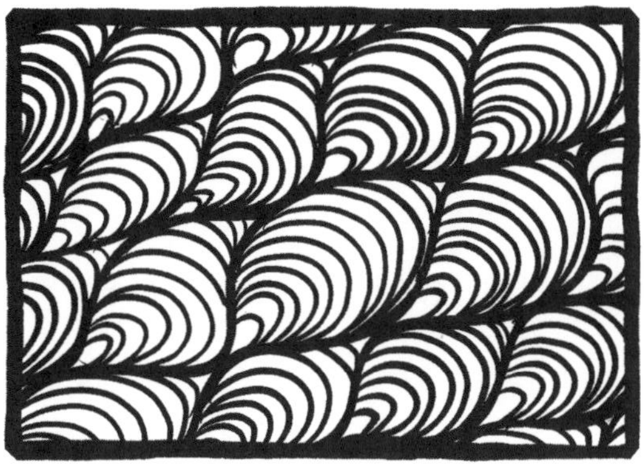

Es geht nur um konzentriertes Arbeiten und Geduld.

1. Die Bogen, die wir in die Formen malen, haben einen **höchsten Punkt.** Dieser **Sockel** sollte recht mittig zwischen den zwei Schlangenlinien, die die Form bilden, liegen. Ich habe das mit einer Linie auf dem Bild rechts markiert.

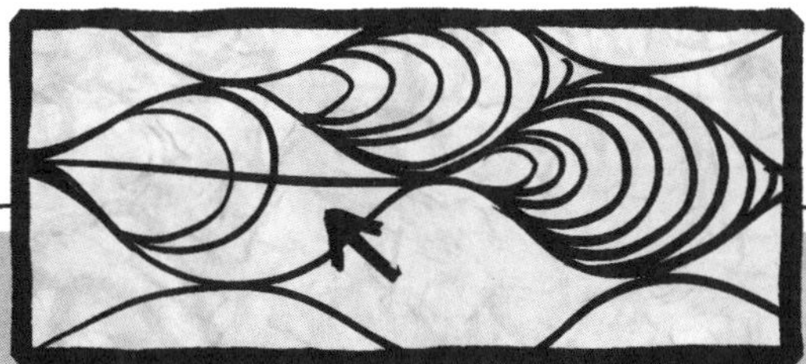

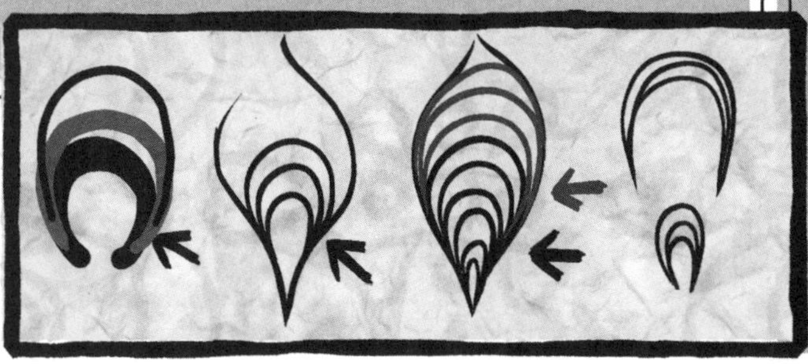

2. Ich setze den **nächsten Bogen** knapp am **Anfang** des **vorherigen** Bogens an und führe ihn auch dorthin wieder zurück. Alle Bogen laufen also **ganz eng** miteinander zusammen.

3. Der **Schwung** des Bogens macht den *Unterschied.* ♥ ♥

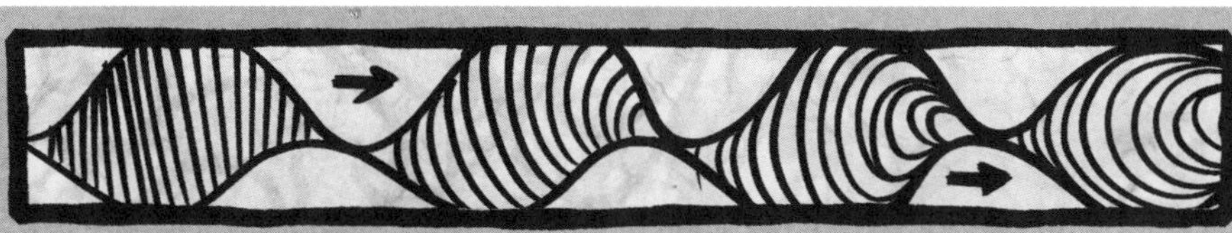

Du kannst sie auch mit geraden Linien füllen. ♥

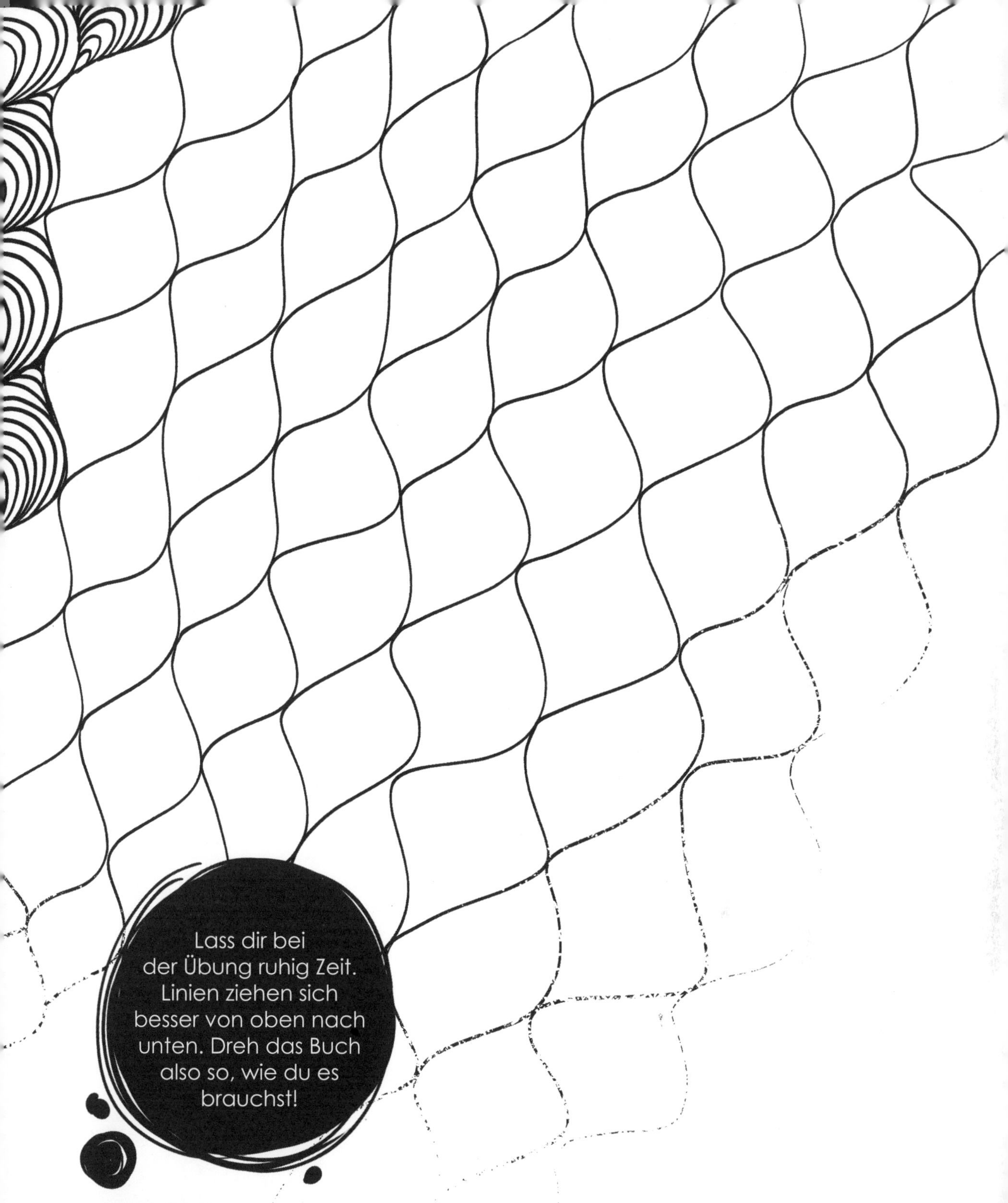

Lass dir bei der Übung ruhig Zeit. Linien ziehen sich besser von oben nach unten. Dreh das Buch also so, wie du es brauchst!

Mit diesem QR-Code kannst du sehen, wie ich die Übung vervollständige.
Mehr auf: kritzelpixel.de/qr-videos

WOCHE 1

Lies dir den Inhalt der Woche 1 erst durch, ehe du mit deinem täglichen Übungsprogramm beginnst (erklärt auf Seite 19).

WOCHE 1 - MOTORIK

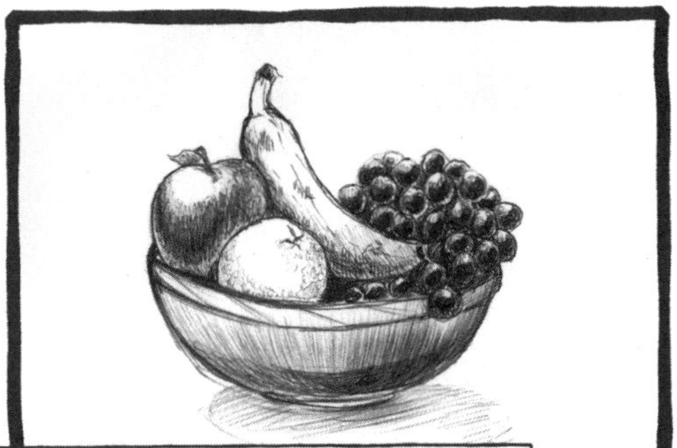

Gezeichnet mit Kugelschreiber

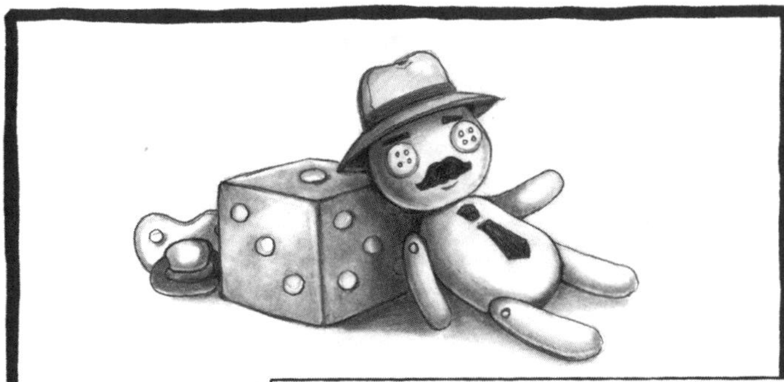

Gezeichnet mit HB und B Bleistiften

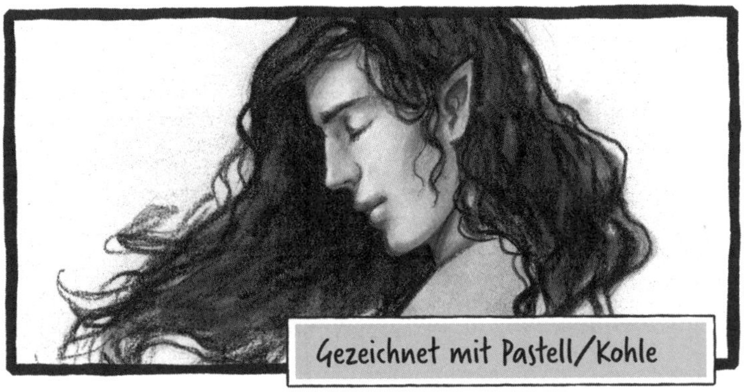

Gezeichnet mit Pastell/Kohle

Für Kunst gibt es keine Formeln, denn Kunst ist Ausdruck. Wenn du jedoch ein bestimmtes Motiv umsetzen willst, zum Beispiel ein Porträt, gibt es sehr wohl Regeln, die dir helfen können, das **Bild in deinem Kopf** zu Papier zu bringen. *Zeichnen ist Handwerk.*

Am **Anfang** steht immer das zu zeichnende Objekt. Nennen wir es **Form**. Eine gezeichnete Form besteht aus Linien. (ABBILDUNG A)

Diese Linien gaukeln uns vor, dass wir einen dreidimensionalen Gegenstand sehen. Damit das funktioniert, müssen sie bestimmten Regeln folgen – die Perspektive muss stimmen. Das kennt man vom berühmten Würfel. (ABBILDUNG B)

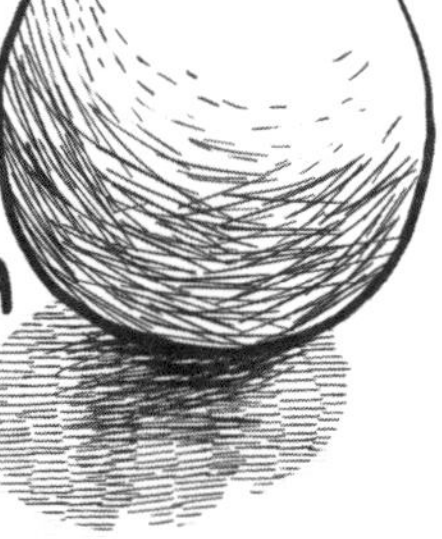

A

B

So ist es ein Viereck, aber mit wenigen Strichen wird es zu einem Würfel. (ABBILDUNG C)

Halten sich diese Linien nicht an gewisse Regeln, sieht man sofort: Da stimmt etwas nicht. (ABBILDUNG D)

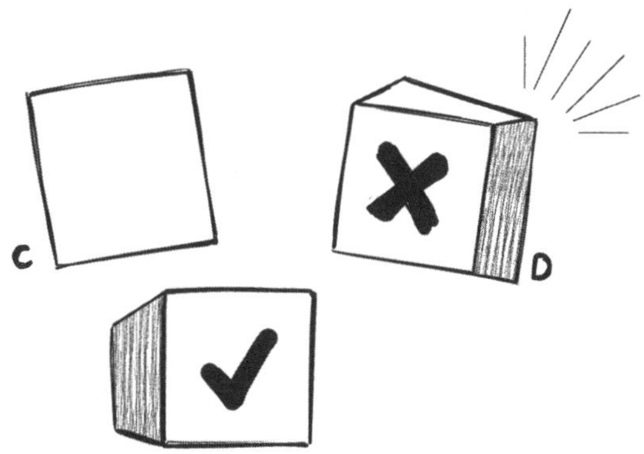

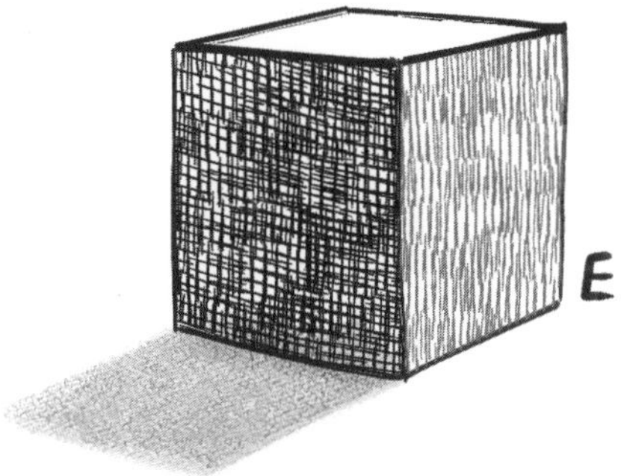

Ein zweiter wichtiger Schlüssel zur Dreidimensionalität sind **Licht und Schatten**. Denn aus dem **Unterschied** zwischen Licht und Schatten kann das Gehirn **Tiefe** und **Perspektive** erkennen.

Wieso sieht dieser Würfel so aus, als wäre er dreidimensional? Weil deinem Gehirn breits die **angedeutete Fläche** ausreicht, um die Dimension zu erkennen, sie muss nicht mal schwarz, grau und weiß sein wie hier. (ABBILDUNG E)

ZUSAMMENGEFASST

Form + Perspektive + Licht und Schatten + Kreativität = Zeichnung

An sich kann jeder, der das beherzigt, zeichnen. Schwierig wird es nur bei Afantasie (*keine bildliche Vorstellungskraft*) oder fehlender dreidimensionaler Vorstellungskraft. Wenn du davon nicht betroffen bist (*und beides ist sehr selten*), steht deiner Zeichenkarriere nichts im Wege!

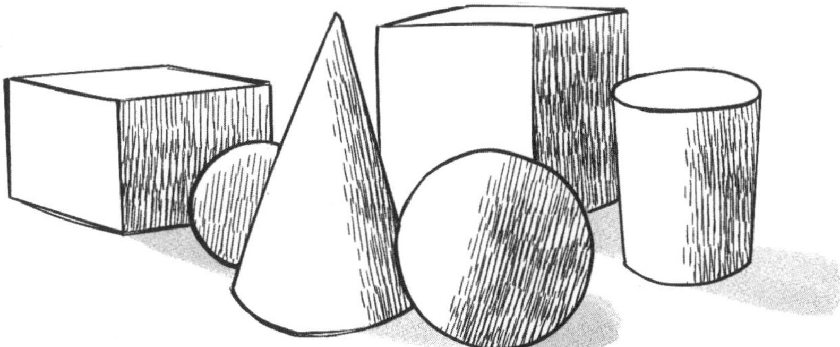

WOCHE 1

Für die meisten Übungen reicht ein **Kugelschreiber**. Beim Zeichnen geht es vor allem um Linien, und die sind mit einem Kuli einfach zu ziehen.

„Kugelschreiber? Aber dann kann ich ja gar nicht radieren?“, magst du dich fragen.

Einige der Übungen haben den Zweck, Fehler zu akzeptieren und mit krummen Linien zu leben. Natürlich kannst du einen **Bleistift** benutzen. Du musst entscheiden, wie viel Zeit du ins Radieren stecken möchtest. Und Manches ist zugegeben deutlich leichter mit einem Bleistift und einem guten Radierer. Die **Bleistiftstärken H, HB, B und B2** nutze ich sehr gerne. Je weicher (B-Bleistifte) ein Bleistift ist, desto dunkler wird er und man kann ihn verblenden. Dafür gibt es sogenannte **Blending Stümpfe**.

Es gibt aber natürlich noch mehr als nur Bleistifte und Kugelschreiber. Im folgenden stelle ich dir verschiedene Materialien für den größeren oder kleineren Geldbeutel vor. Natürlich kannst du alle Übungen auch digital umsetzen.

ZEICHENMATERIAL

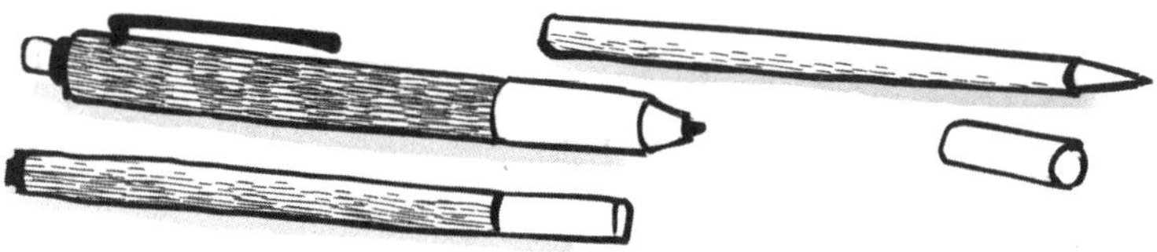

Kugelschreiber, Fineliner, Gelstifte

Gut wäre ein schwarzer Stift und ein heller Gelstift, in pink z. B.

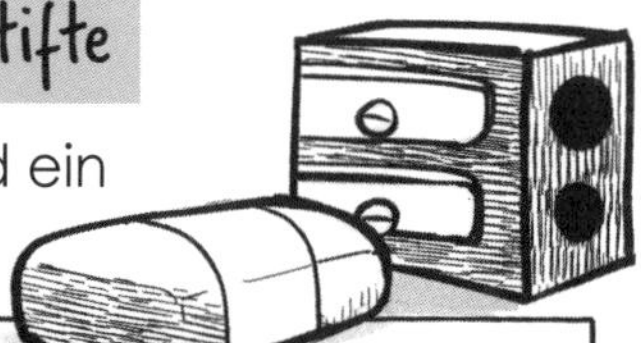

DIN A4 blanko Heft

Darin kannst du deine Übungen anfertigen. Ein normales Schulheft reicht da aus. Blanko!

Bleistifte und Radiergummi

Bleistift und Radierer hat fast jeder. Ich empfehle einen HB und einen B Bleistift.

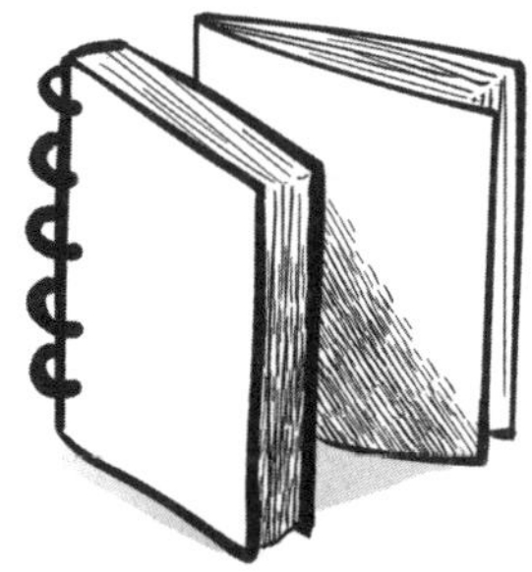

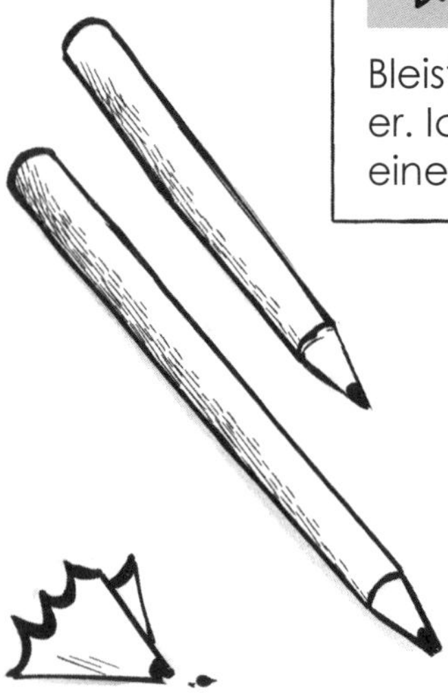

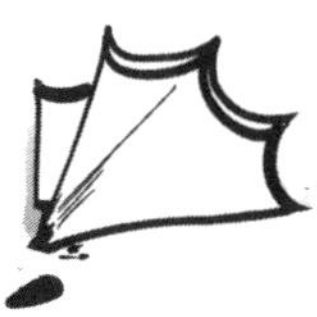

Günstige Magazine mit Fotos

Für einige Studien brauchst du Vorlagen, auf denen du herumkritzeln kannst. Fotomagazine, Klatschzeitungen etc. sind ideal.

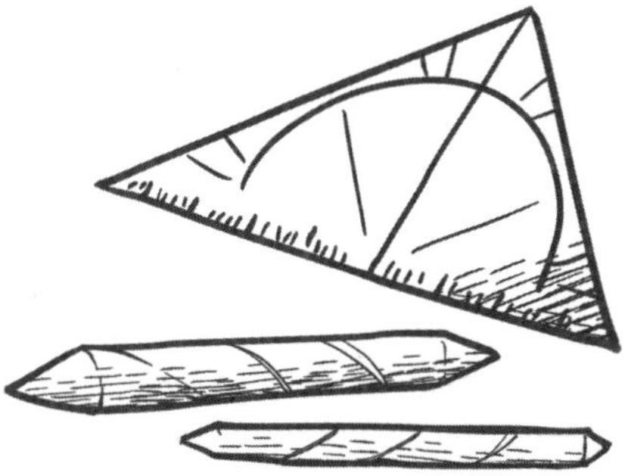

Anspitzer oder Druckbleistift

Wer nicht gerne Anspitzt, kann ja mal einen Druckbleistift versuchen. Die gibt es auch in vielen verschiedenen Farben.

Blending-Stümpfe

Die findet man in guten Bastelläden. Mit ihnen verwischt man Kohle oder Bleistifte

Zirkel & Lineal, Geodreieck

Nicht nötig, aber sehr praktisch für einige Übungen, Vorskizzen und Co.

Das Zeichenpapier

Die Firmen LUMA und Clairefontaine bieten gutes Skizzenpapier an. Auch dünnes Papier zum Abpausen ist empfehlenswert.

Acrylmarker

Wenn es darum geht auf Zeitschriften herumzukritzeln oder auf Klebenband zu schreiben.

Gummibänder, Klebeband

Gerade die dünnen Gummibänder können sehr nützlich für Studien sein. Du wirst sehen.

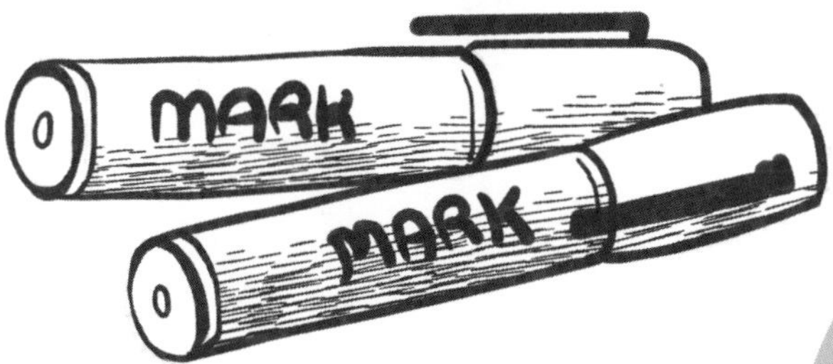

Die Übungen der 1. Woche eignen sich super, um **neue Materialien kennenzulernen.** So kannst du feststellen, wie sich Gelstifte, Fineliner und Co. verhalten, ehe du versuchst, etwas mit ihnen zu zeichnen.

Kohlestifte & Kreide

Nicht nötig, aber sehr praktisch für einige Übungen. Den Umgang mit Kohlestiften und Pastellstiften möchte ich in diesem Buch nicht erläutern. Wer sich damit auskennt, kann damit experimentieren, aber das Material ist anspruchsvoll.

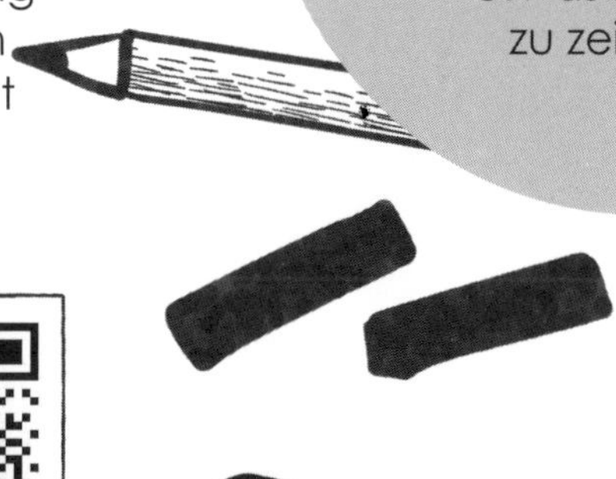

Ein Video dazu findest du unter diesem QR-Code.

WOCHE 1

Die Stifthaltung, der Schwung und die Kontrolle über Kreise, Kringel und gerade Linien sind das A und O des Zeichnens.

LEKTION 1 - HALTUNG

Techniken stehen oft am Anfang von Zeichenbüchern, aber es ist viel verlangt von einem Anfänger, diese sofort zu meistern. Wir fangen **klein** an. Erstmal kümmern wir uns um die **Motorik**. Wer die beherrscht, kann ganz bewusst eine Linie, eine Kurve oder einen Kreis zu Papier bringen, ohne dabei unsicher zu sein.

Wie hält man einen Stift?
So, dass man **ohne Druck** eine Linie zeichnen kann. Unverkrampft und locker. Versuch das bei den ersten Übungen bewusst umzusetzen!

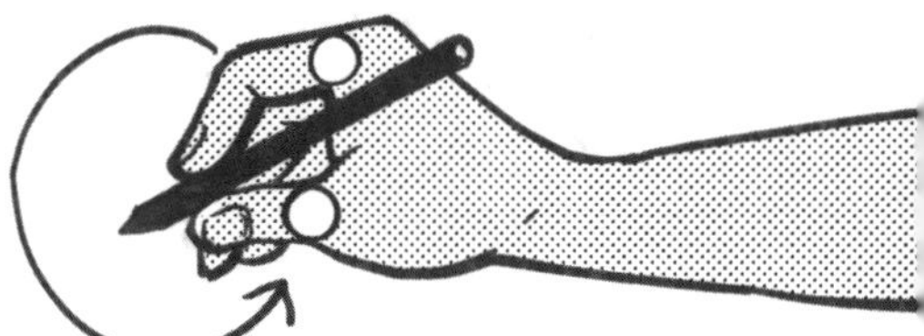

Wie malt man einen Kreis?
Der Trick ist der Schwung aus Arm und Handgelenk. Einen Kreis oder Bogen zeichnet man mit Geschwindigkeit. **Nicht stricheln**! Lass die Form durch die Energie der **Bewegung** entstehen. Danach kannst du ihn verfeinern und überarbeiten.

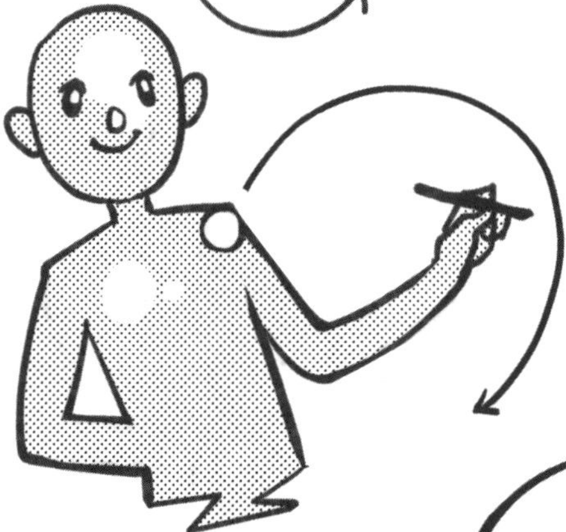

Wie zieht man eine Linie?
Mit Schwung und Konzentration. Bewege den Arm statisch aus dem **Schulter- oder Ellenbogengelenk** heraus. Von oben nach unten ist einfacher als von rechts nach links.

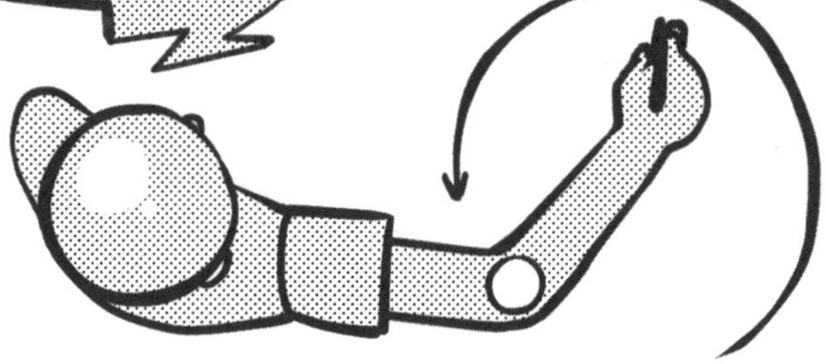

Das alles üben wir **diese Woche**! Wenn es nicht gleich klappt, lass dich nicht entmutigen! Es gibt Menschen, die zeichnen und malen mit dem Mund oder den Füßen. Es ist alles eine Frage der Übung, der Geduld und der Zeit. Lass dich durch die Vorgaben von Woche 1 bis 5 nicht unter Druck setzen: Wenn du länger brauchst, ist das okay.

Wieso das alles so wichtig ist?
Um einen Ball in 3D zeichnen zu können, musst du erstmal den Kreis beherrschen.

Übung: Warm-up Gekrakel

Bevor ich zeichne, kritzle ich immer wild herum. Das lockert die **Handmuskeln**, entspannt und entkrampft. Zudem geht es nicht um Präzision, sondern um Spaß

Auf der Seite habe ich bereits angefangen, führ es doch einfach zu Ende. Hau alles raus, füll jeden winzigen kleinen Millimeter mit Punkten, Strichen, Linien, Kreisen, Kringeln. Drück fest auf oder leicht, probier alles einmal aus.

Jeden Tag, bevor du mit den Übungen beginnst, füllst du ein Blatt mit Kreisen, Linien und anderem **Gekritzel**. *Mit einer Bewegung aus dem* **Handgelenk**, *aus der* **Schulter**, *aus den* **Fingergelenken**. *Viel Druck, wenig Druck. Schön locker.*

ZUSATZ: Wenn möglich, organisiere dir ein DIN-A4-Blatt und zeichne über die gesamte Seite ein paar **unordentliche Kreise**, ohne abzusetzen. Nutze deinen Körper, um die runde Form zu kreieren.

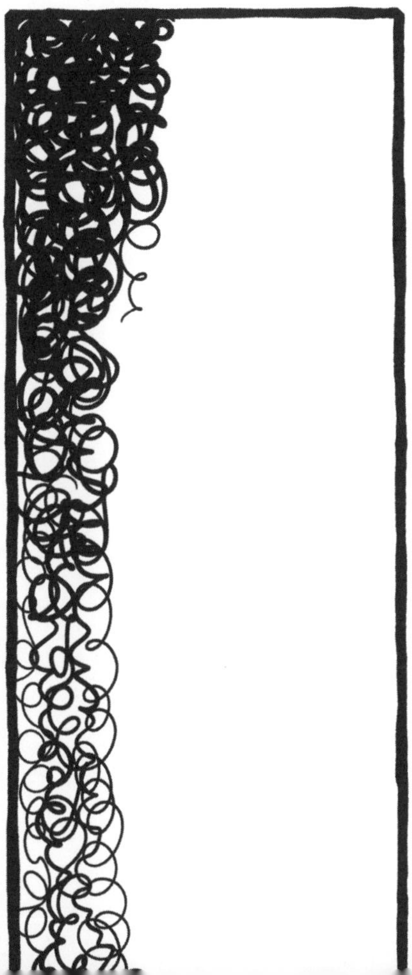

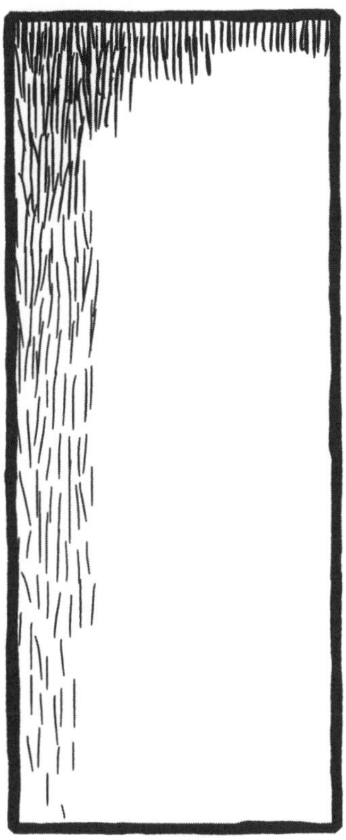

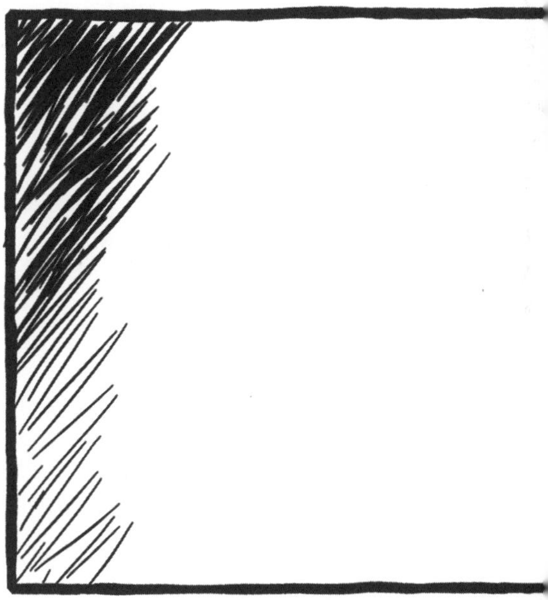

WOCHE 1

Übung: Warm-up Muster

Jetzt geht es weiter mit **gezielten** Übungen. Du erinnerst dich sicher an die Grundschule und die vielen Hefte, die du mit Buchstaben füllen musstest, bis du **ohne viel Nachdenken** schreiben konntest. So ist das auch beim Zeichnen. Linien, Kreise, Kurven, Kringel oder sich treffende Bogen gelingen ohne Übung nicht. Man denkt zu viel darüber nach, zittert und wird unsicher.
Also üben wir jetzt!

Kopiere das Muster in das leere Kästchen. Achte darauf, dass die Bogen gleichmäßig sind, die Linien parallel, die Kreise so rund wie möglich. Versuch es mal mit Schwung, mal langsam, probier es aus. Es gibt keine Regeln, die Erfahrung wird dich lehren, auf welche Weise dir die Linien gelingen. **WICHTIG: Nicht stricheln!**

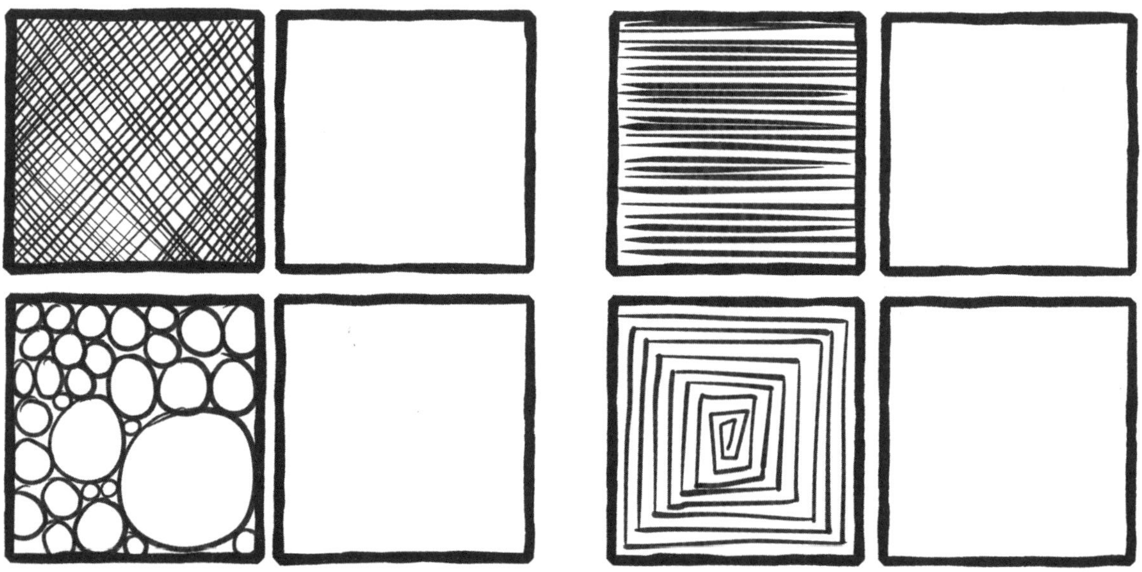

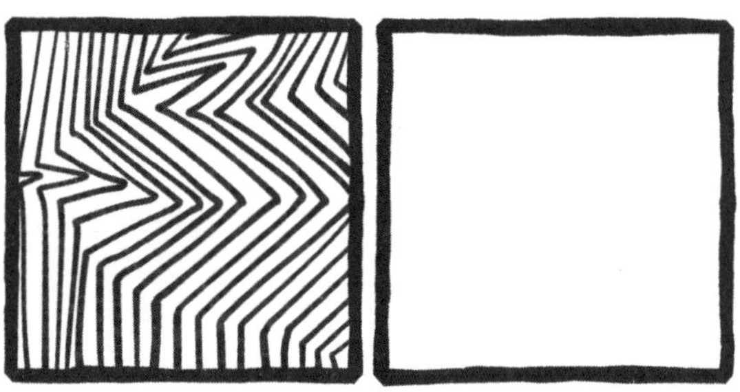

Tipp: Wer noch mehr möchte, kann auch einfach zehn Seiten Papier mit **Kreisen und Strichen** füllen. Oder 20 oder 30. Je mehr du übst, desto schneller kommst du zum Ziel.

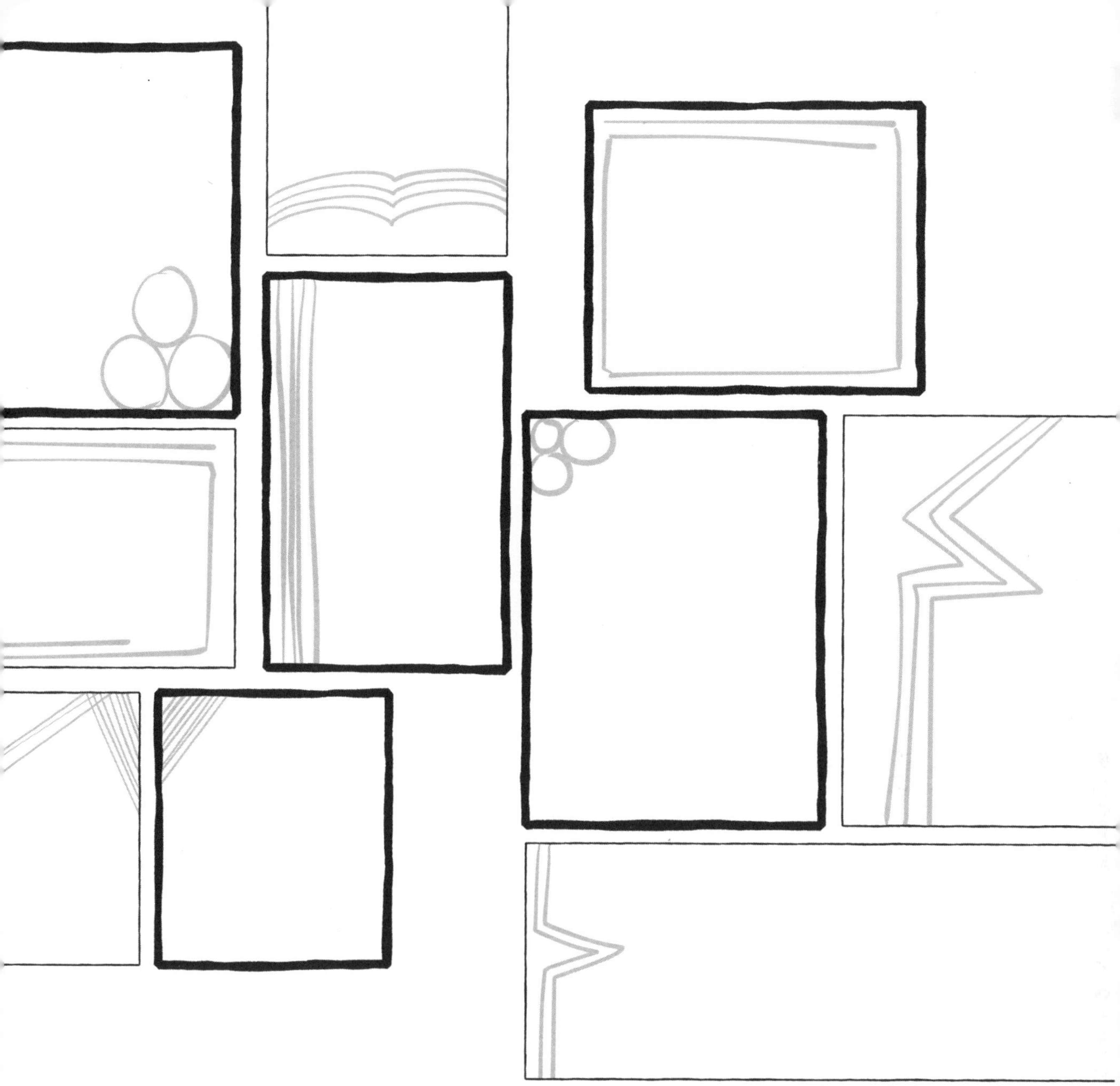

Diese Muster sind simpel gehalten. Mit ihnen kannst du diese Seite füllen, die ich dir schon unterteilt habe. Denk dir auch eigene Muster aus. Vielleicht findest du Inspiration dazu im Internet. Suche nach „**Zen-Doodle**“.

Übung: Warm-up Punkte

Sieht verdächtig wie *Malen nach Zahlen* aus? Ist es irgendwie auch, es geht darum, präzise von **Punkt zu Punkt** zu zeichnen, ohne dass die Linien **krakelig** aussehen oder wellig. Am Anfang ist das **ganz schön schwierig**, deshalb ist diese Übung so wichtig. Diese Methode findet sich schon in 100 Jahre alten Zeichenbüchern und ist bewährt. *Solche Übungen kannst du dir ohne Probleme selber erstellen.*

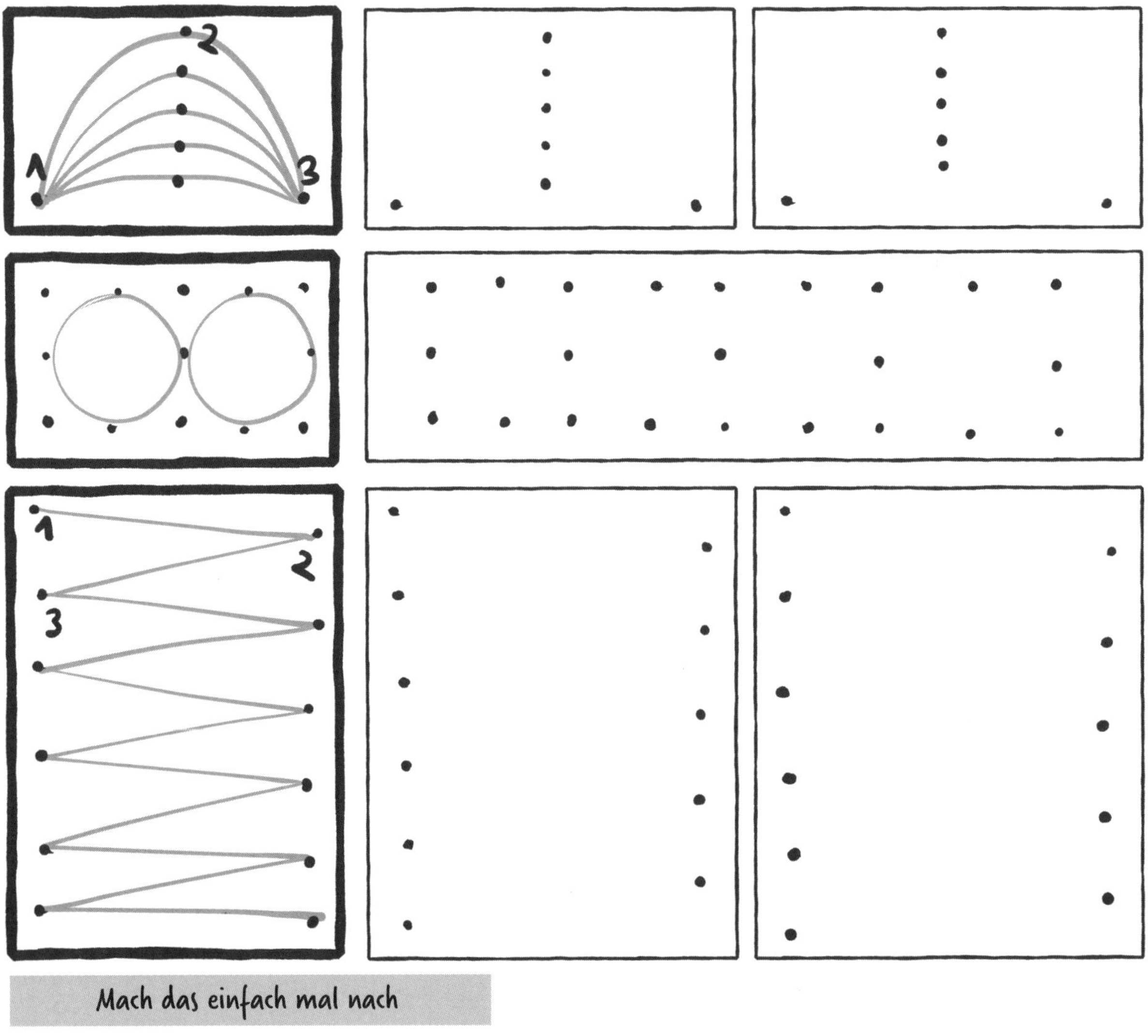

Mach das einfach mal nach

WOCHE 1
TRAININGSBOGEN DIY

Zeichne dir zunächst ein Raster ohne Lineal, die Linien dürfen ruhig etwas schief werden. Druck, Schwung und Geschwindigkeit entscheiden, wie sie gelingen. Fülle die Kästchen anschließend mit Übungsmustern aus (du findest welche auf Seite 12). Dann zeichne Punkte ein, wie auf Seite 14, und verbinde sie mit Linien und Bogen.

Nicht vergessen: Kein Stricheln! Arbeite mal **schnell**, mal **sorgsam**. Du schulst deine Motorik durch das ständige Wiederholen der Übung wie von selbst.

Und wie du sehen kannst, geht es dabei nicht um Perfektion. Das ist normal. Auch mein Blatt sieht manchmal etwas Krakelig aus. Menschen sind nicht dafür geschaffen ohne Lineal perfekte Linien zu malen, also mach dir darüber keinen Kopf.

Du kannst alle Übungen kombinieren.

Ein Drittel vom Blatt frei Hand mit **Gekritzel (Seite 11)**, dann das andere Drittel mit dem **Raster und Mustern (Seite 12)** und der Rest mit der **Punkte Übung (Seite 14)**.

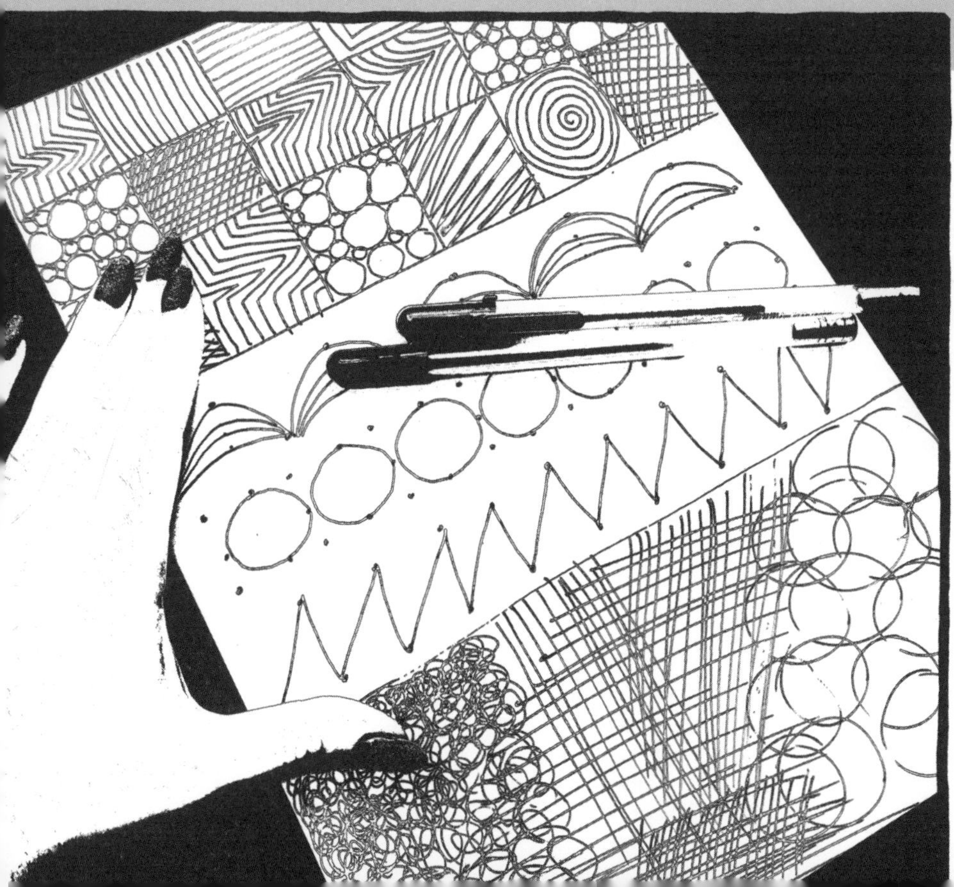

WOCHE 1

KURVENREICH

Warum all diese Kurven?
Weil die Natur voll davon ist. Schau dir zum Besipiel an, wie kurvenreich die Figur eines Menschen ist und wie rundlich die eines Baumes. (ABBILDUNG A & B)

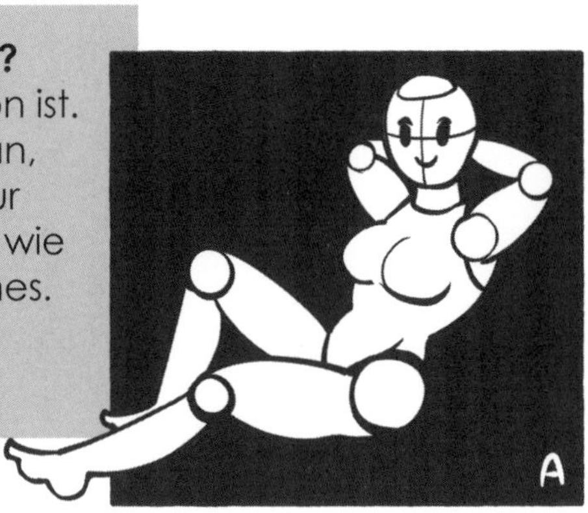

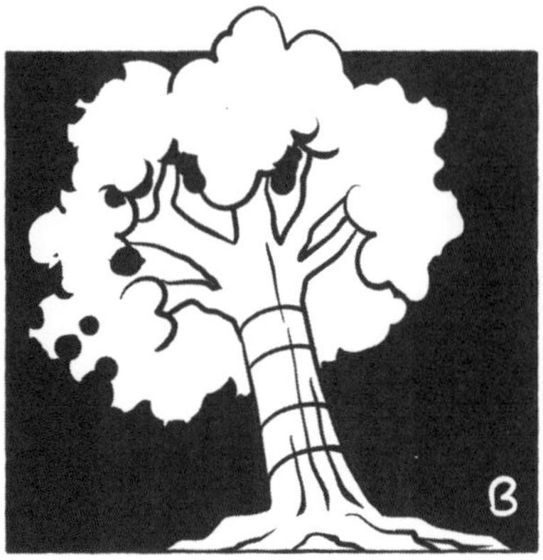

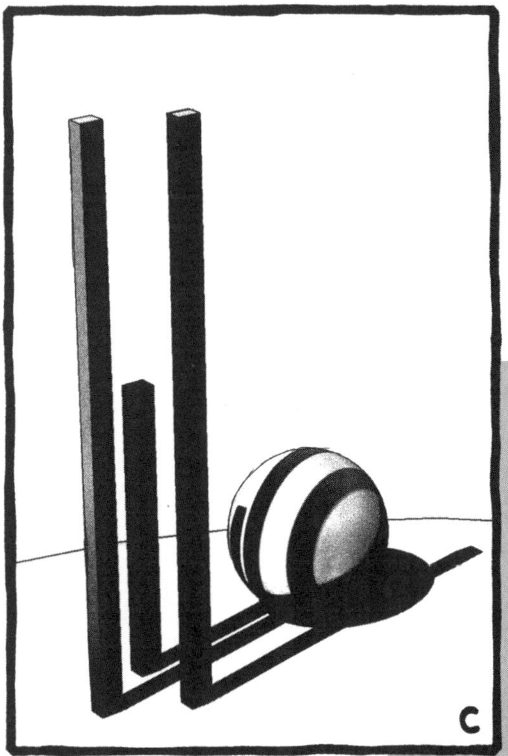

Und hier siehst du, wie ein **gerader** Pfahl einen Schatten auf ein **rundes** Objekt wirft. (ABBILDUNG C) Faszinierend, oder? Auf dem flachen Boden ist der Schatten genau so gerade, wie der Pfahl, aber auf dem Ball legt er sich **um die Form** des Balls. *Kurven sind überall.* Um sie zu zeichnen, braucht man Kontrolle über seine Linien. Und deswegen musst du lernen, Kurven kontrolliert zu zeichnen.

Koordination, Motorik, Bewegung, Kontrolle stehen am Anfang und das Schöne ist:
Es gibt beim Üben keine Fehler.

Die Welt besteht aus Kurven und Geraden. Schon Kinderzeichnungen fangen diese einfachen Formen gut ein und so machen wir auch weiter: simpel.

Übung: Wasserball

Du kennst sicher das **simple Muster** auf Wasserbällen, daran erinnert diese Übung. Sie greift auf Inhalte aus Woche 2 vor, führt dich an eine **Form umschmeichelnde Linie** heran. Dazu also später mehr, jetzt kannst du diese Abbildungen einfach mal nur kopieren, ohne viel nachzudenken. Auch hier wird Wiederholung Erfolge zeigen.

1. 2. 3. 4.

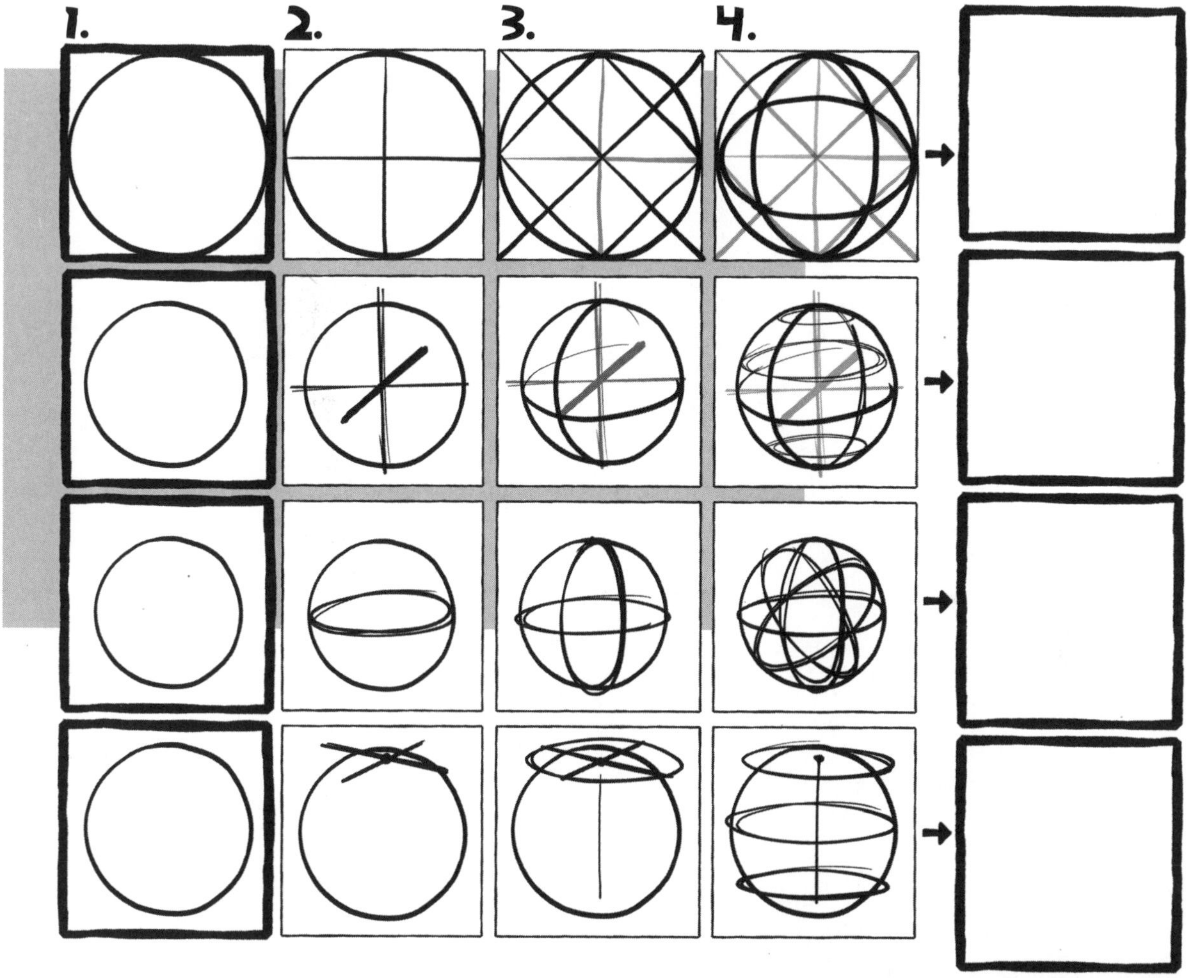

In diesem Video erkläre ich die Hintergründe zu dieser Übung ausführlicher. Sie greift Inhalte aus Woche 2 auf, in der ich dir Perspektive erkläre.

Übung: Verzierungen

Wir kommen zu komplexeren Mustern.

Unter dem Begriff „Zen Doodle" findest du viele spannende Muster im Internet, mit denen du diese Kästchen füllen kannst. Oder du nutzt meine Vorlagen. Es geht bei dieser Übung wieder um eines: **Präzise mit Linien arbeiten**! Du kannst dir natürlich auch selber Motive ausdenken. Die hier vorgestellten Motive vereinen die Übungen aus Woche 1 und lassen sich gut variieren.

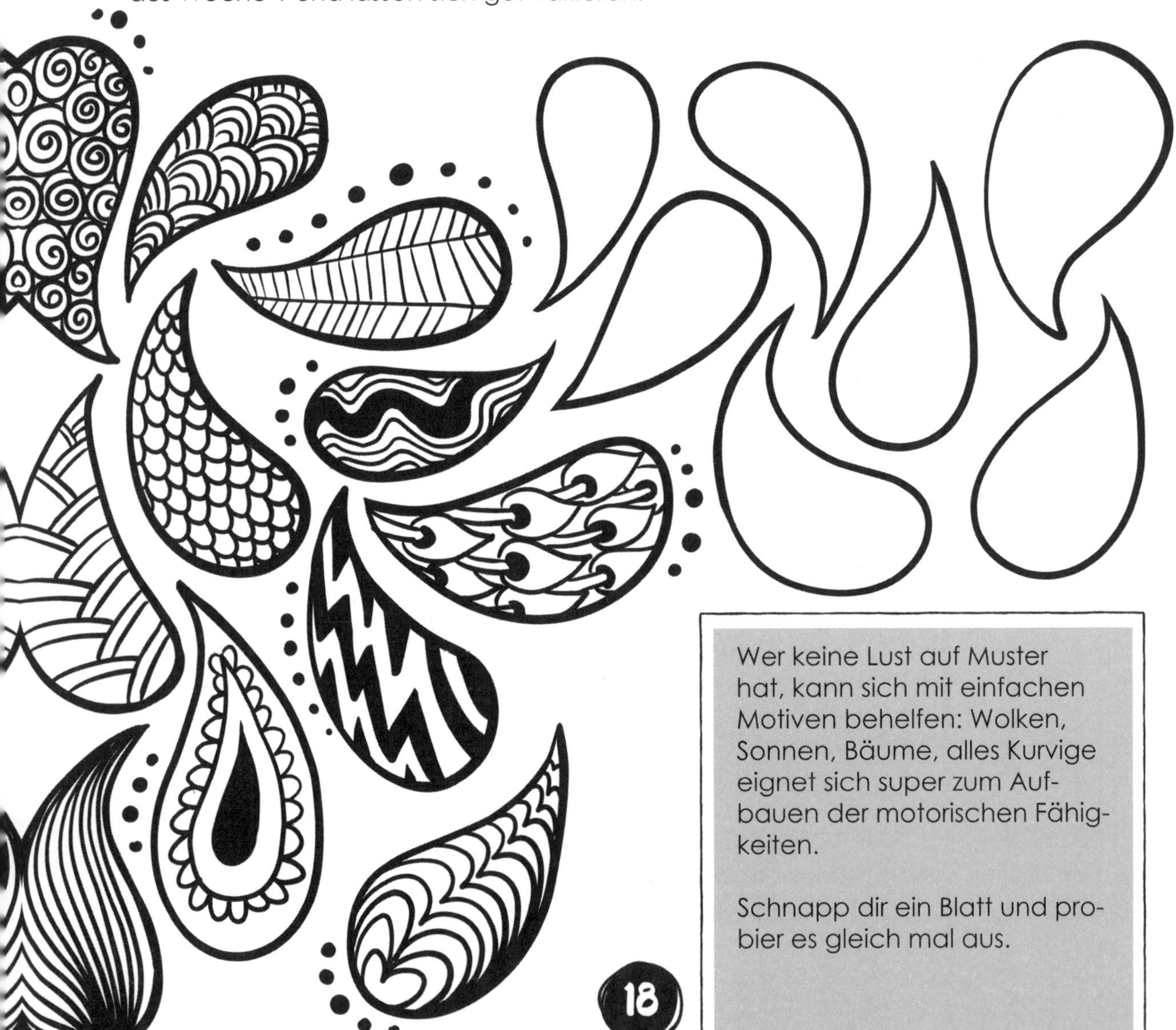

Wer keine Lust auf Muster hat, kann sich mit einfachen Motiven behelfen: Wolken, Sonnen, Bäume, alles Kurvige eignet sich super zum Aufbauen der motorischen Fähigkeiten.

Schnapp dir ein Blatt und probier es gleich mal aus.

TRAININGSPROGRAMM WOCHE 1

Tag 1: Die Übung von **Seite 11**. Nutze diesen Tag für **Gekrakel**. Erkunde deine Motorik, male mit Schwung, nutze die Gelenke deines Arms.

Tag 2: Erst **Gekrakel (Seite 11)**, dann die einfachen **Muster** von Seite 13.

Tag 3: Heute stehen **Gekrakel**, **Muster** (Seite 13) und **Punkte** (Seite 14) an.
Eine DIN-A6-Seite (oder größer, wenn du Zeit hast) mit diesen drei Übungen sind von jetzt an der Start in deine Zeichensessions, die ganzen fünf Wochen und darüber hinaus. Wir nennen diese Übungen zusammengefasst „**Warm-up**" – Aufwärmen.

Tag 4: Erst mal **Warm-up**, dann bringe die Übung „**Wasserball**" von Seite 17 zu Papier. Mach davon so viel, wie du magst.

Tag 5: **Warm-up**, dann eine ganze DIN-A4-Seite mit **Verzierungen** (Seite 18).

Tag 6: **Warm-up** extrem: eine DIN-A4-Seite **Gekrakel**. Eine Seite einfache **Muster**. Eine Seite **Punkte verbinden oder füllen**. Danach darfst du dich für den Tag zurücklehnen!

Tag 7: **Warm-up** und dann ein **großes Muster**. Kombiniere all die Linien, Kringel, Kreise aus Woche 1, wie es dir beliebt, um ein großes Blatt Papier flächendeckend zu füllen. Lass so wenig Weiß wie möglich durchscheinen, arbeite dabei konzentriert.
Kein Kritzeln, sondern bewusste Linien.

Es wird komplexer in Woche 2.
Bist du bereit, spannende Illusionen nur mit Linien und Bogen zu erschaffen?

WOCHE 1

WOCHE - DIMENSION

Vielleicht hast du schon mal mit der **Fluchtpunktperspektive** gearbeitet. Die beliebte Übung aus dem Kunstunterricht hilft, ein Objekt perspektivisch korrekt darzustellen. Perspektive schafft **Dimension**, sie erschafft ein Gefühl von **Raum und Tiefe** und steht deshalb am Anfang eines jeden Zeichenkurses. Die korrekte Darstellung der Perspektive ist enorm wichtig. Und ich rede hier nicht von korrekt im Sinne von Fotorealismus. Ich rede vom Gefühl: Das sieht richtig aus, das könnte so funktionieren.
Etwas muss nur korrekt aussehen, nicht korrekt dargestellt sein.

> Zeichnen und Malen ist eine Illusion. Zeichner sind Magier des Papiers. Ein Schwindel, der eigentlich nur aus Pigmenten besteht. Ich bringe dir jetzt bei, wie du dein Papier verzauberst!

Wir beginnen mit ein paar Übungen zum Spaß und Ausprobieren.

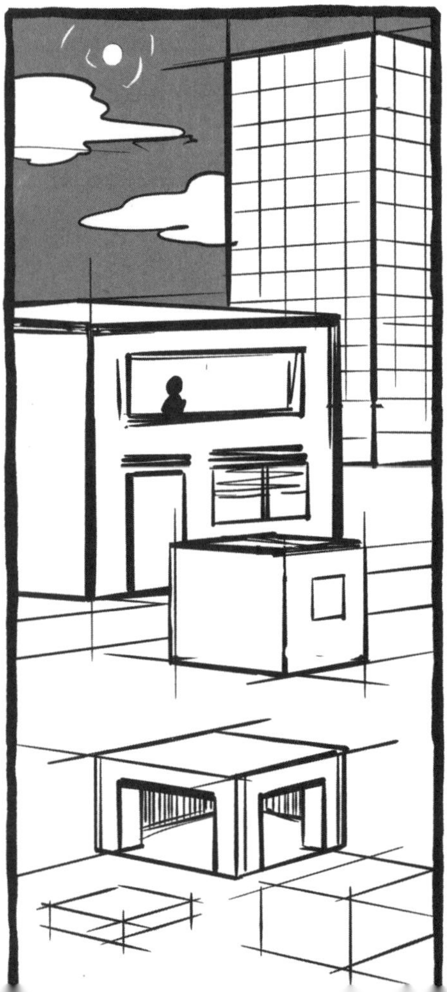

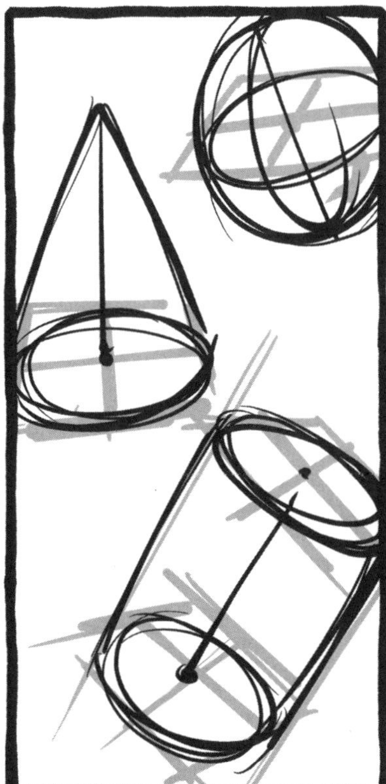

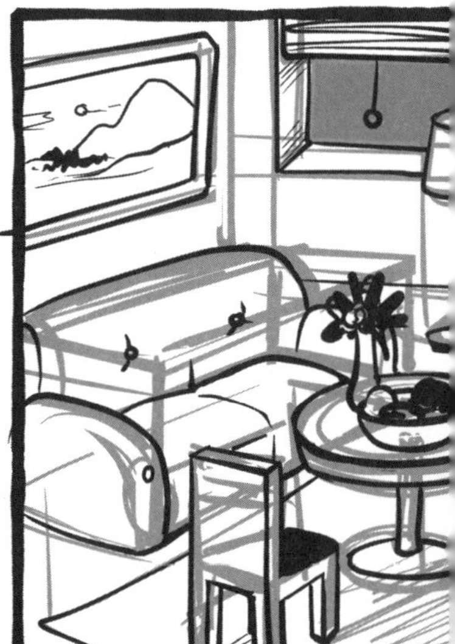

Perspektive setzt sich zusammen aus Höhe, Breite und Tiefe eines Objekts: aus den drei Dimensionen.

Ein ähnliches Bild kennst du vom **Cover**. Es zeigt eine Straße und lauter **schiefe und schräge** Häuser. Es ist ein schönes Bild, aber wie du siehst, ist keine Linie gerade, korrekt oder realistisch. Die Skizze folgt nur ganz **grob** der Vorlage, die du unten abgebildet siehst und die du als Referenz nutzen kannst, um das Bild zu vollenden. Überlege dabei, welche Linien zu welcher Seite gehören. Kannst du ahnen, wieso Linien ausreichen, um die Dimensionen der Häuser darzustellen? Mehr dazu auf der nächsten Seite.

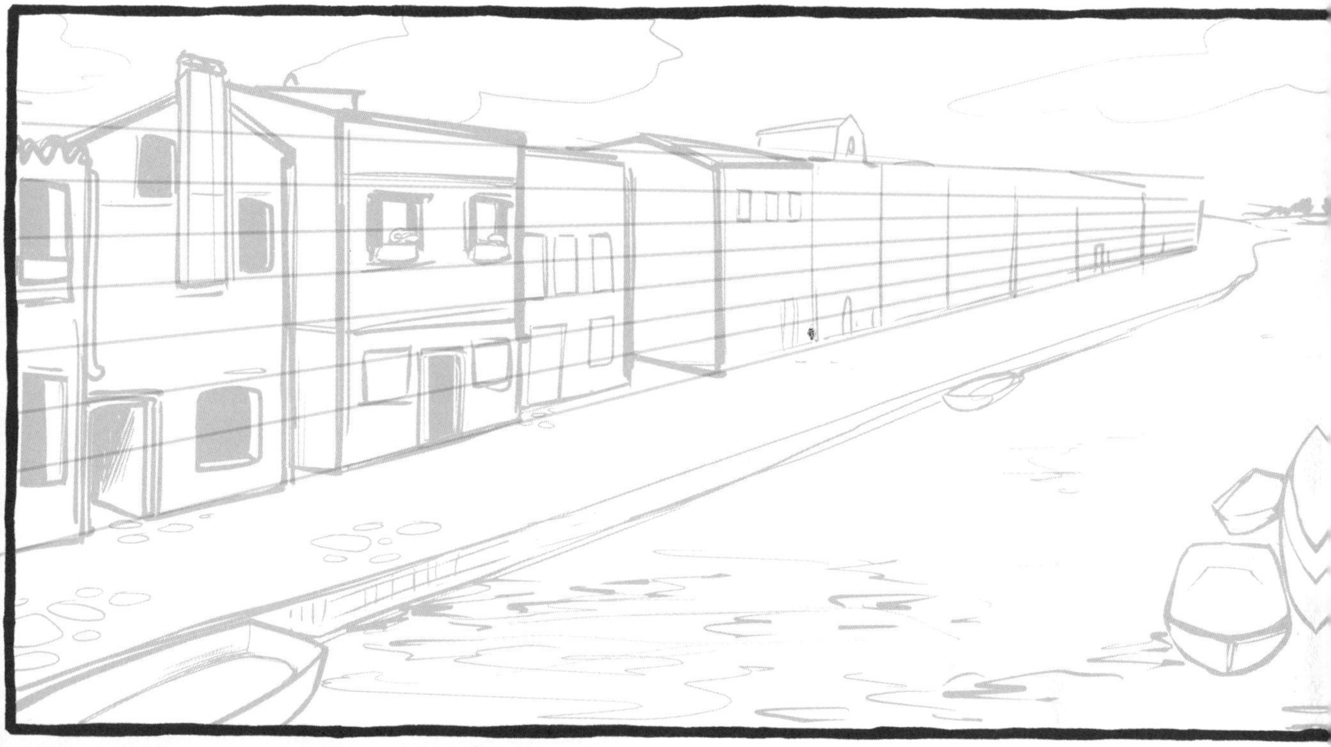

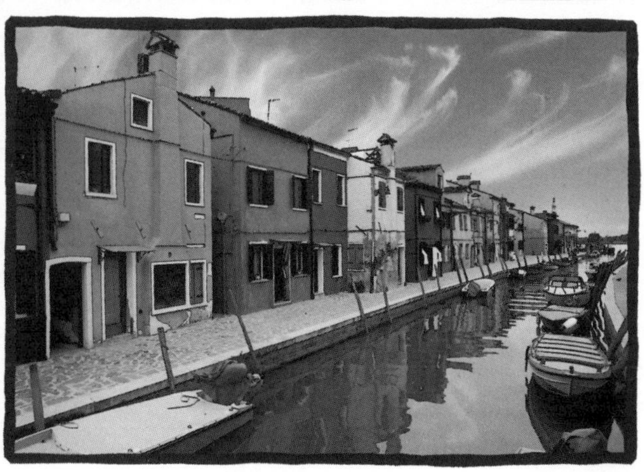

Eventuell werden deine Häuser schief und schräg. Das ist absolut okay. Es geht hier nicht darum, ein Bild zu zeichnen, das gut aussieht. Ich möchte dir nur vermitteln, wozu du Perspektive und Dimension brauchst.

WOCHE 2

ILLUSIONEN

Du siehst: Aus total **simplen** Linien entsteht die Illusion einer Form mit Tiefe. Das sieht fast aus wie Stoff, der in Falten liegt. Dabei sind es nur Striche.

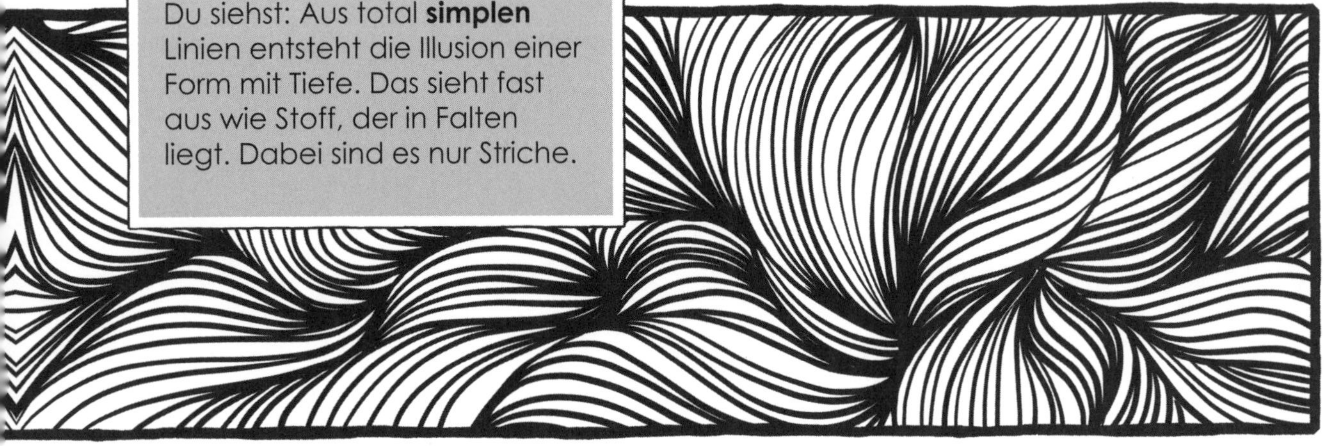

Mit den Kreisen, Vierecken und Linien, die wir geübt haben, kann man die **dritte Dimension** darstellen. Wieso wirken Linien so **dreidimensional**? Erinnere dich an Seite 16, dort fiel der Schatten eines geraden Objekts auf eine runde Form und der Schatten passte sich an die Rundung an.

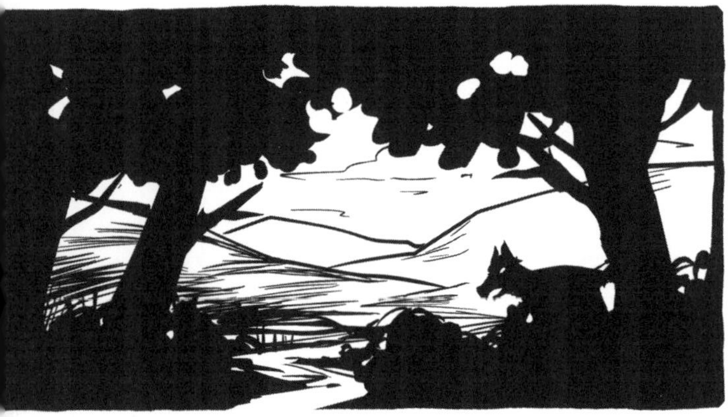

Das Gehirn ist darauf trainiert, genau diese Kontraste zu erkennen, richtig auszuwerten und so das Objekt zu identifizieren. Es ist für uns **überlebenswichtig**, Schatten und Licht **auseinanderzuhalten**. Linien werden im Gehirn wie Licht und Schatten interpretiert und somit als Dimension wahrgenommen. Das ist die Illusion des Zeichnens.
Wir tricksen das Gehirn aus.

Da Schatten nach festen **mathematischen Regeln** arbeiten, kann man sie mit Lineal, Geodreieck und Zirkel sogar exakt berechnen, doch das führt hier zu weit. Wir arbeiten erst mal mit „**Bauchgefühl-Schatten**“ durch Abzeichnen und Referenzen. Mehr dazu folgt in Woche 4. Erinnerung: **Es muss nur echt aussehen, nicht echt sein.**

Übung: Illusionen

Alles besteht aus **Kreisen, Kurven und Linien**. Entweder die Linien flüchten voreinander, oder sie laufen zusammen. Die Abstände zwischen ihnen sind entscheidend. Folge den Linien auf dieser Seite. Nach ein paar Versuchen sollte es dir möglich sein, auf einem leeren Blatt selber eine solche Illusion zu zeichnen. **Der Trick ist die Kurve.** Setze an verschiedenen Punkten neu an und male einen Bogen. Spiele mit verschiedenen Abständen. Ein toller Effekt ist es, wenn sich die Enden der Bogen wieder treffen. Dann entstehen diese Blätterformen.

Erkunde die Welt der Kurven und Illusionen.
Fließende Übergänge zwischen den Linien sind dabei wichtig.

Zwischen diese Linien füllen wir, wie in der Übung auf Seite 4, Bogen.
Nur diesmal brauchst du nicht der Mittellinie zu folgen.
Schon entsteht die **Illusion einer Dimension! Mehr Details im Video.**

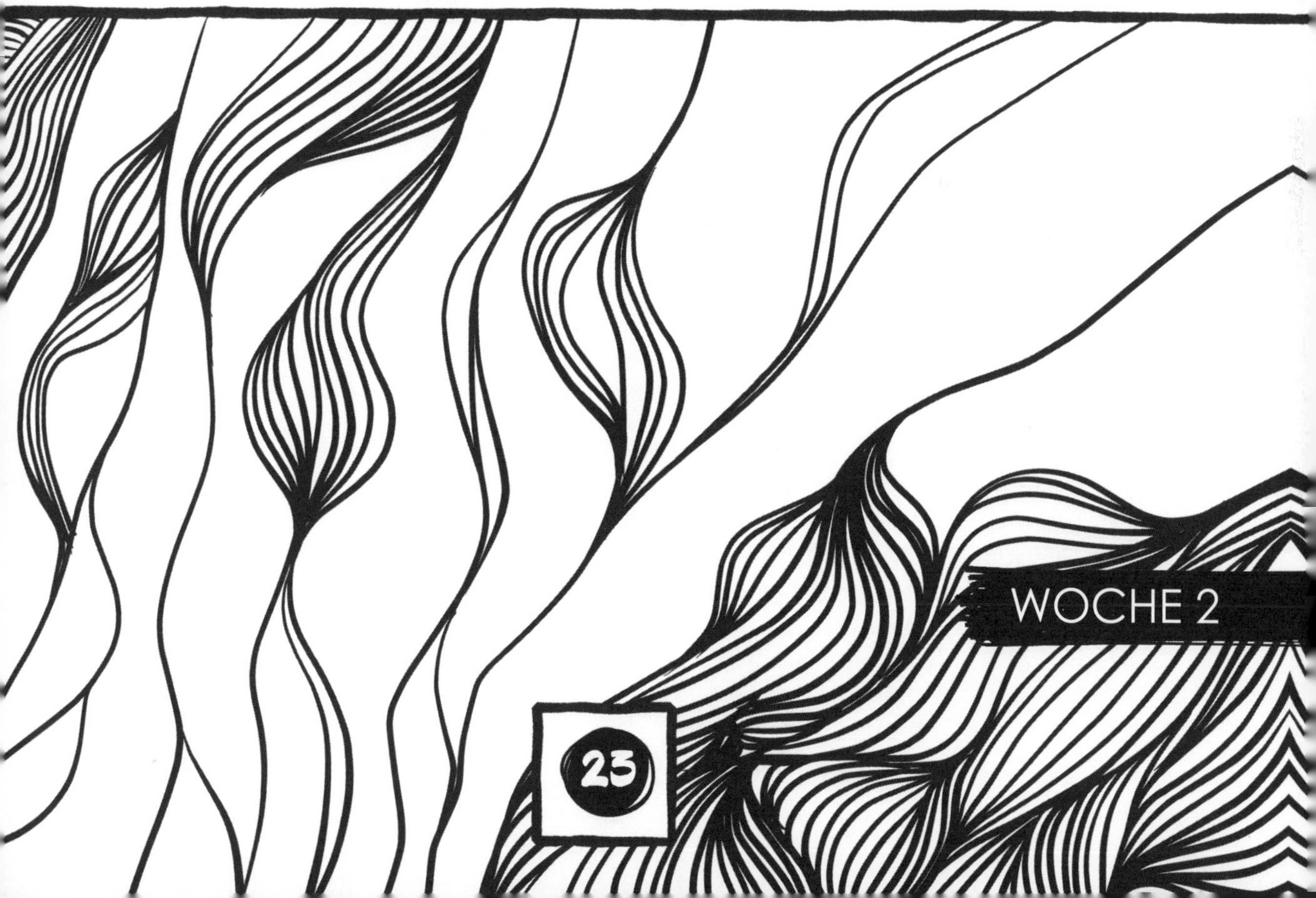

WOCHE 2

FLUCHTPUNKTE

Perspektive und Fluchtpunkte sind ein komplexes Thema und nicht einfach auf einer Seite erklärt. Doch ich kann dir die Augen für diesen wichtigen Teil des Zeichnens anhand einfacher Bilder öffnen.

Einfaches Grundprinzip: **Alles, was weiter weg ist, erscheint kleiner**. Das liegt daran, dass unser Auge eine Linse ist und wir zwei davon besitzen. Zwei Linsen betrachten ein Objekt aus leicht unterschiedlichen Positionen.

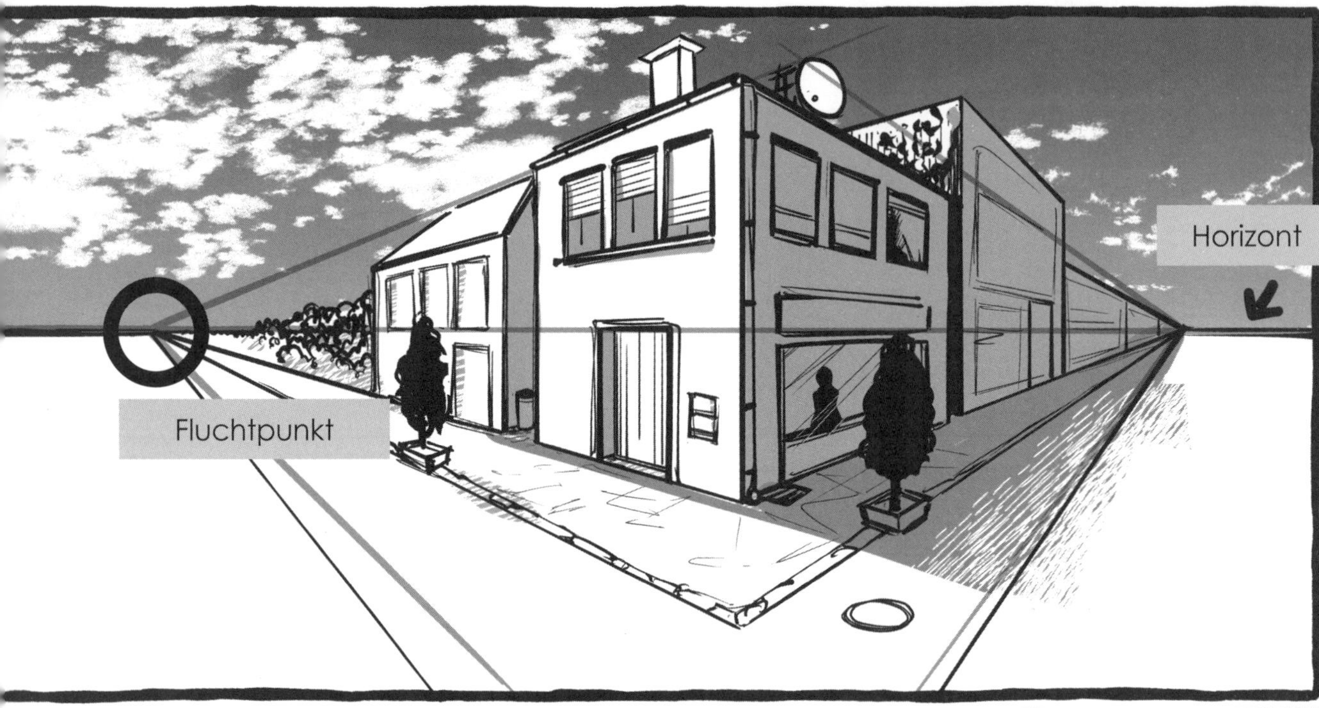

Stell dir vor, du stehst an der **Ecke von zwei Straßen**, die sich in einem rechten Winkel treffen. Vor dir ein Wolkenkratzer, **links und rechts siehst du die Häuser** der zwei Straßenschluchten. Die Häuser werden immer kleiner, laufen bis zu einem **Punkt** zusammen und treffen sich alle auf derselben Höhe: dem Horizont.
Die Hauslinie links landet bei einem Fluchtpunkt und die Linie der Häuser rechts landet bei einem zweiten.
Hebst du den Kopf, siehst du, wie die Linien des Wolkenkratzers nach **oben** zusammenlaufen. Dort liegt ein dritter Fluchtpunkt. Dieser kann auch **unten** sein.

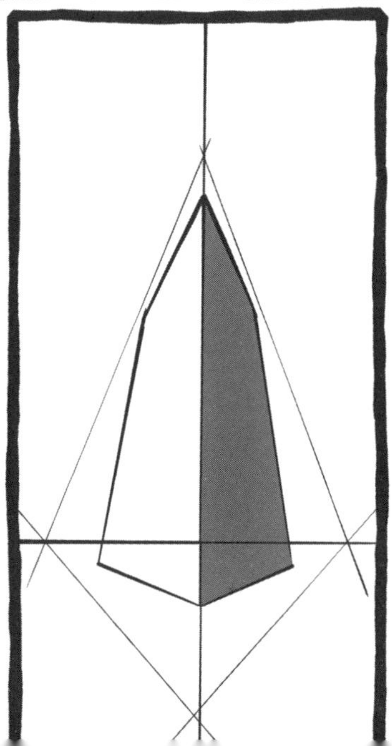

PERSPEKTIVE

Wir malen jetzt mal ganz einfach **Schritt für Schritt** einen Würfel. Bei jedem Schritt erkläre ich dir, auf welche Linien es ankommt. Wann immer du dir später unsicher bist, wie du einen Würfel zeichnest, kannst du dir diese Seite ansehen und dein Wissen auffrischen.

1. Beginne mit einem schiefen **Rechteck.** Da wir **nicht frontal** auf den Würfel schauen, brauchen wir hier das Wissen über Perspektive von Seite 24. Die waagerechten **Linien flüchten zu einem Fluchtpunkt am Horizont**. In diesem Fall nach links. Stell dir vor, sie laufen irgendwo in weiter Ferne zusammen. Die senkrechten Linien flüchten nach unten zu einem weiteren Fluchtpunkt, denn wir zeichnen den Würfel so, als **blickten wir** auf ihn hinab. Deshalb ist die untere Linie des Rechtecks auch etwas kürzer.

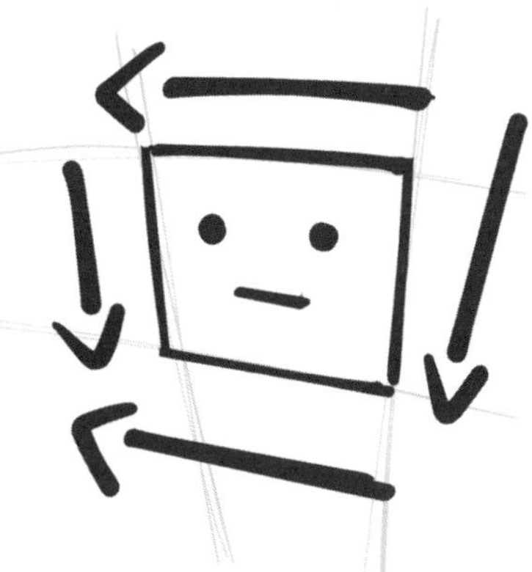

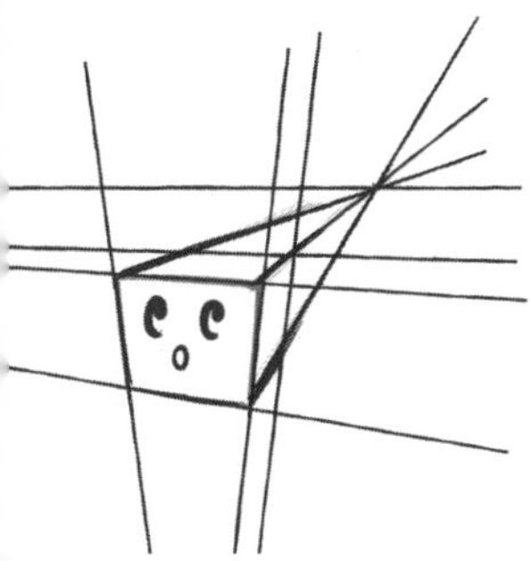

2. Es gibt aber noch einen weiteren Fluchtpunkt, und zwar rechts. Zu ihm verlaufen drei Linien, angesetzt an den beiden oberen Ecken und der rechten unteren.

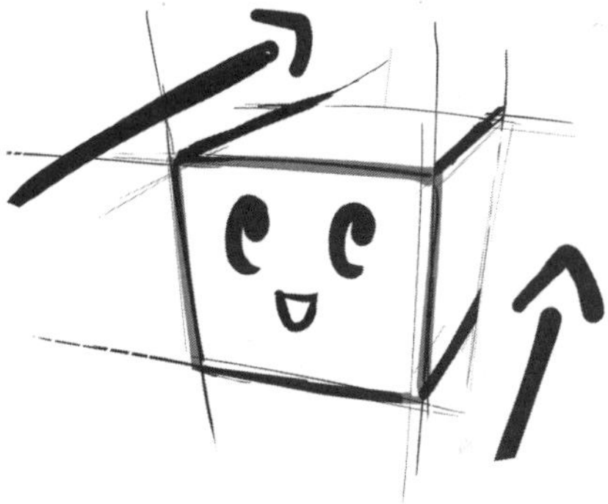

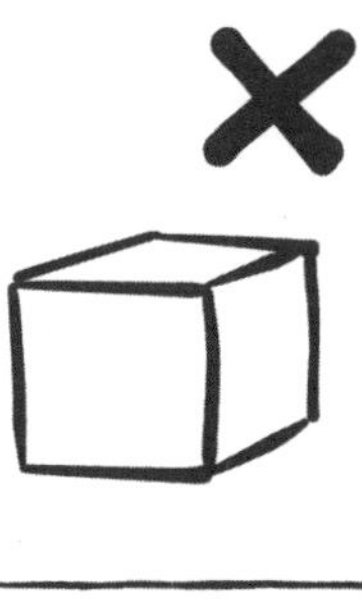

3. Die hintere waagerechte Linie verläuft zum linken Fluchtpunkt. Die hintere senkrechte Linie verläuft zum unteren Fluchtpunkt. Zum Schluss musst du nur noch die Eckpunkte miteinander verbinden. Ein so konstruierter Würfel wirkt viel realer als der klassische, oder?
Perspektive ist entscheidend.

MEHR BEISPIELE

Ein dreidimensionales Bild besteht aus Höhe, Breite, Tiefe.
Alles was parallel zum Boden ist, orientiert sich an der Horizontlinie.

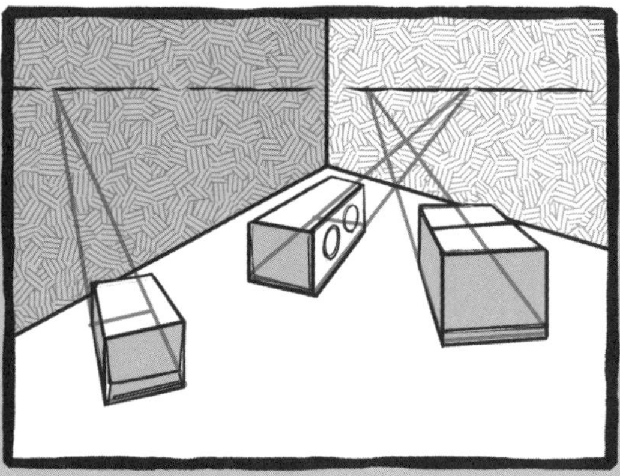

Stehen Kisten lose in einem Raum herum und **nicht parallel** zueinander, haben sie alle **verschiedene Fluchtpunkte**, die sich auf der **Horizontlinie treffen**. Der **Winkel**, in dem die Kiste gedreht ist, entscheidet, welchen Fluchtpunkt sie besitzt. Die Winkel der Kisten richten sich nach links oder rechts, also **wandert** auch der Fluchtpunkt nach links oder rechts.

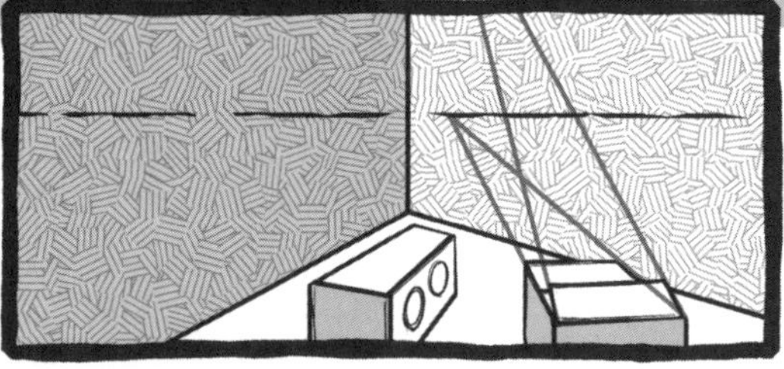

Wenn sich etwas nach oben oder unten neigt (z. B. ein Deckel), verändert sich der Fluchtpunkt und verschiebt sich ebenfalls, jedoch **nur nach oben oder unten**.

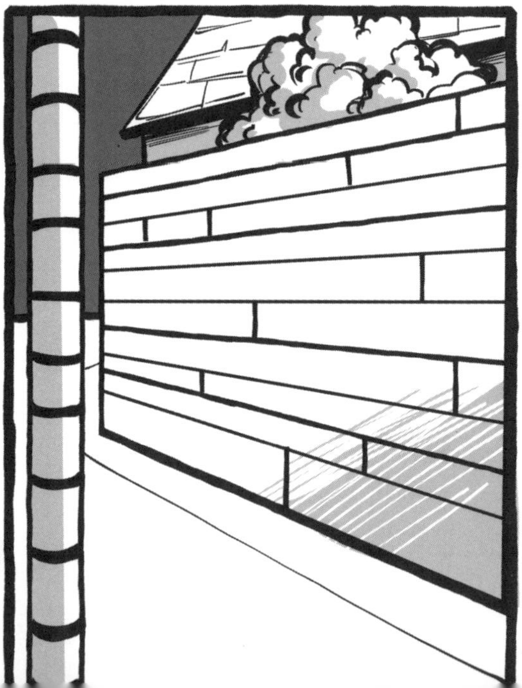

Linien unterhalb deiner Blickrichtung wandern nach **oben**, gen Horizont. Linien auf Höhe deiner Blickrichtung sind **gerade**, wie der Horizont. Und Linien oberhalb deiner Blickrichtung wandern nach **unten**, auf den Fluchtpunkt am Horizont zu.

So wie sich Linien um runde Objekte unterhalb der Blickrichtung **nach unten wölben**, auf Höhe der Blickrichtung **gerade** sind und oberhalb der Blickrichtung **nach oben wölben**.

Übung: Beobachten

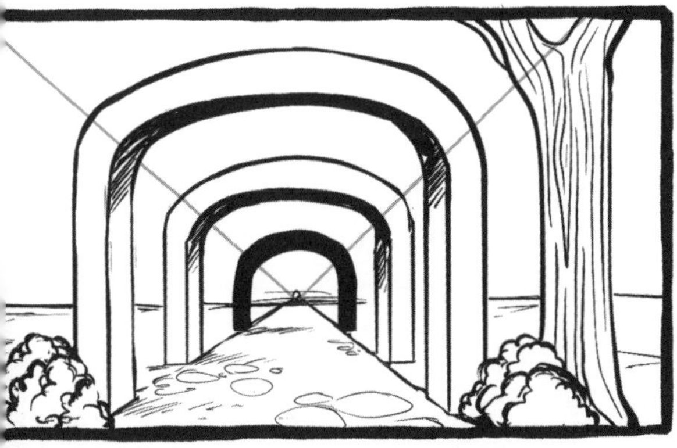

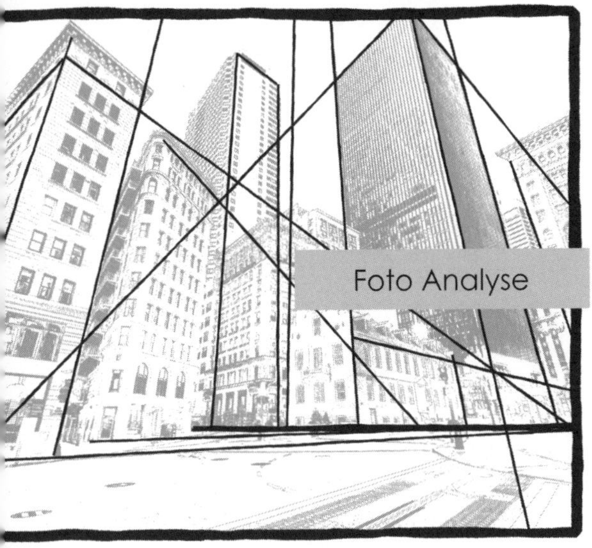

Fluchtpunkte helfen dir dabei, **Höhe, Breite und Tiefe** entsprechend der gewählten Blickrichtung korrekt darzustellen.

Arbeitest du mit nur **einem** Fluchtpunkt, laufen die Linien der Tiefe auf diesen einen Fluchtpunkt zu. Das ist z. B. bei dem **Blick durch einen Torbogen** der Fall. Man braucht nur einen Fluchtpunkt, denn die Linien sind alle parallel zum Boden.

Arbeitest du mit **zwei** Fluchtpunkten, orientieren sich **Breite und Tiefe** an den beiden Punkten, oft zu sehen an einer Häuserecke. Hier gibt es zwei große Objekte (z. B. die Gebäude der zwei Straßenschluchten), die jeweils nach **links und rechts parallel** verlaufen.

Zu einem Fluchtpunkt **oben oder unten** streben Linien, die die **Höhe** darstellen. Das passiert, wenn du an einer Straßenecke vor einem **Wolkenkratzer** stehend den Kopf hebst.

Beobachte Perspektive in der Realität. Suche bewusst nach dem Horizont und verändere deinen Blickwinkel.
Mit Fluchtpunkten zu spielen ist besonders leicht, wenn du dir **Fotos** heraussuchst, den Horizont identifizierst und dann die **Fluchtpunkte** einzeichnest. Hier sind wieder **Zeitschriften** hilfreich. Lineal oder Pappe, dazu ein **Acrylmarker** oder ein anderer sichtbarer Stift und du kannst die **Linien** einfach **einzeichnen**

WOCHE 2

Übung: Schläuche

Es gibt zu Recht ganze Bücher, die sich nur mit dem Thema Perspektive beschäftigen. Ich lege dir **weiterführende Lektüre** ans Herz für ein besseres Verständnis – Quellen findest du am Ende des Buches.
Es braucht viel Übung, bis man Fluchtpunkte richtig verstanden hat. **Auch mir verknotet sich das Gehirn** dabei manchmal. Zur Einstimmung erst einmal eine einfachere Übung zur Perspektive.

Kreise auf die Würfel hinzuzufügen verdeutlicht, wie enorm Perspektive Linien verzerrt. Und das ist gar nicht einfach. Man neigt dazu, einen wabbeligen Kreis zu zeichnen statt einen perspektivisch verzerrten.

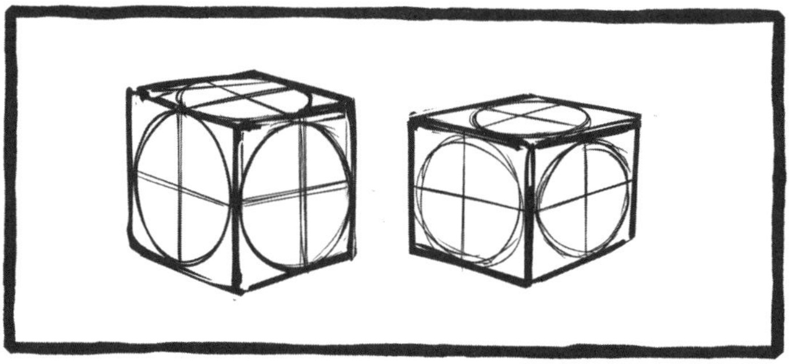

Als Übung möchte ich dir deshalb **Spiralen und Kreise** vorschlagen. Sowas hier, das ist schnell gezeichnet. Und dann einfach alles miteinander **verbinden** …
Tada: **ein Schlauch**. Trainiere deine Wahrnehmung von Kreisen in Perspektive mit dieser Übung so oft du kannst.

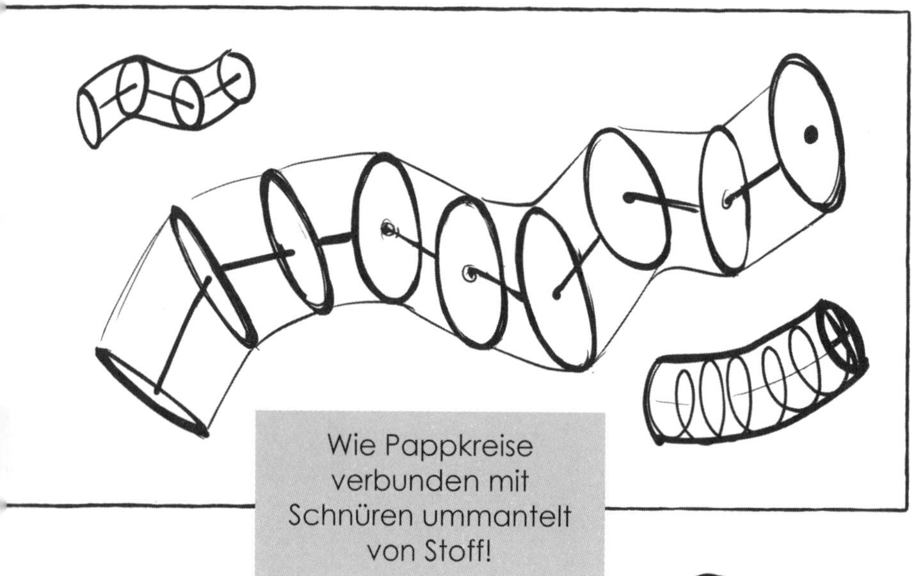

Wie Pappkreise verbunden mit Schnüren ummantelt von Stoff!

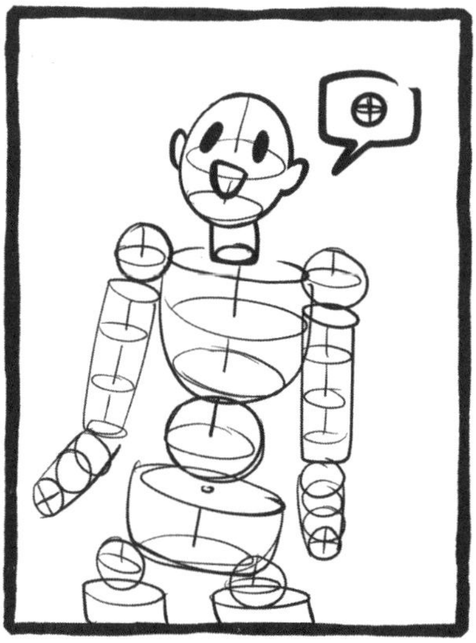

Übung: Box

Nun eine bildliche Zusammenfassung der **Fluchtpunktperspektive**. Ich habe durch Nummern gekennzeichnet, in welcher Reihenfolge ich gezeichnet habe. Folge einfach den **Nummern** auf einem frischen Blatt Papier. Wer eine **Herausforderung** sucht, kann zusätzlich die Fluchtpunkte variieren. Damit wird dann eine andere Perspektive erzielt. Wenn du die Bezeichnungen der einzelnen Linien kennst, kannst du auch anderen **Tutorials und Büchern** folgen.

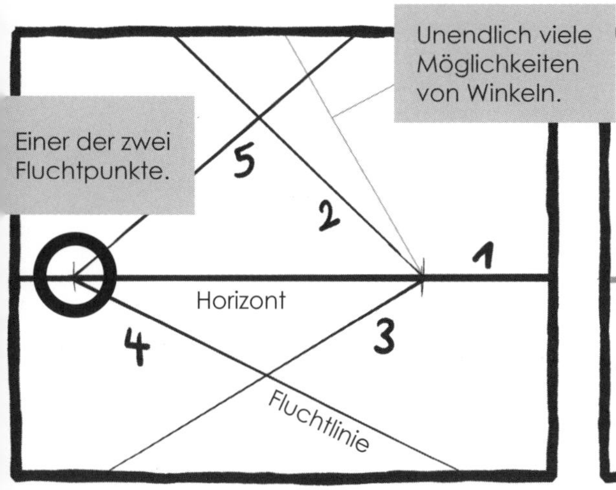

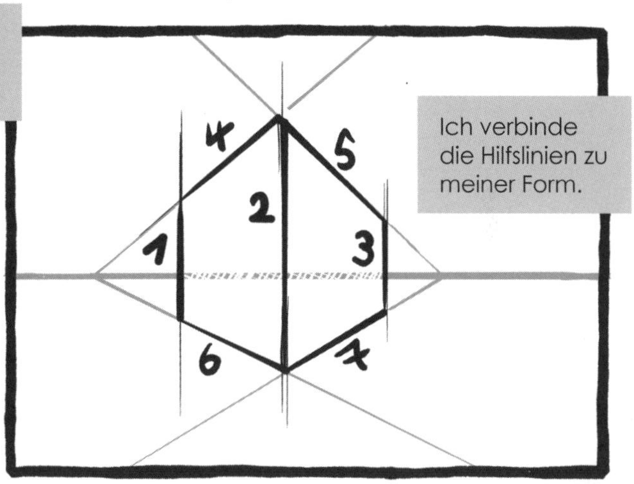

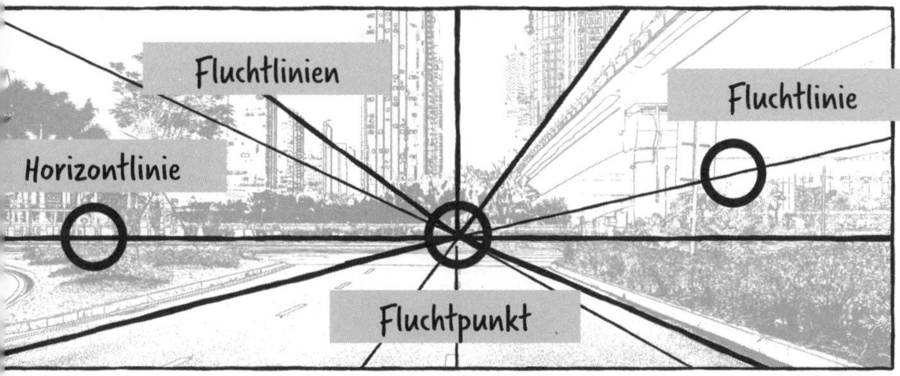

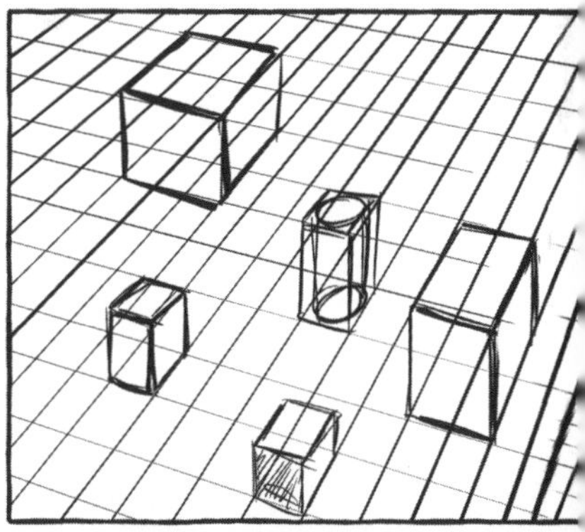

Ein **Gitter**, das den Fluchtpunkten folgt, kann bei der Übersicht helfen, wenn man mit den **Perspektivübungen** beginnt. **Es ist viel Info**. Lies es dir ruhig mehrfach durch und schau dir das Video dazu an.

WOCHE 2

KASTENMENSCHIS

Oha, was ist das denn?
Das sieht ja fast aus wie ein **Mensch**! Auch der Körper funktioniert nach denselben optischen Regeln. **Perspektive** ist auch hier wichtig.

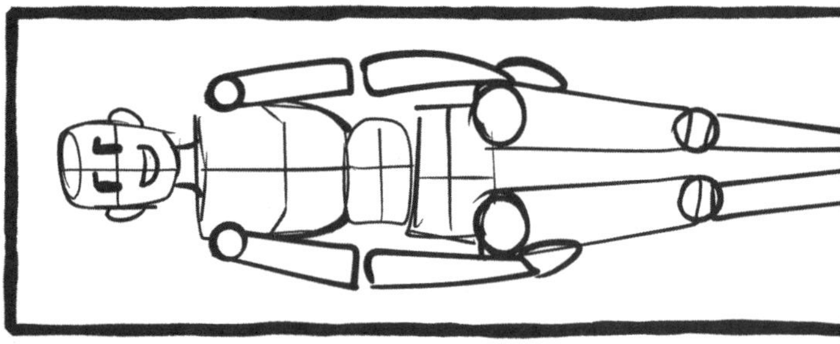

Jedoch brauchst du zum Zeichnen von Menschen **seltener** Fluchtpunkte. Denn wenn der Fluchtpunkt ganz weit weg am Horizont ist, weit außerhalb des Blattes, auf dem du zeichnest, dann sehen die Linien fast **parallel** aus. **Und so darfst du sie dann auch behandeln.**

Fluchtpunkte kommen meist erst dann ins Spiel, wenn man jemanden so malen möchte, als würde man von unten oder von oben auf ihn blicken.
Frosch- bzw. Vogelperspektive nennt man das.

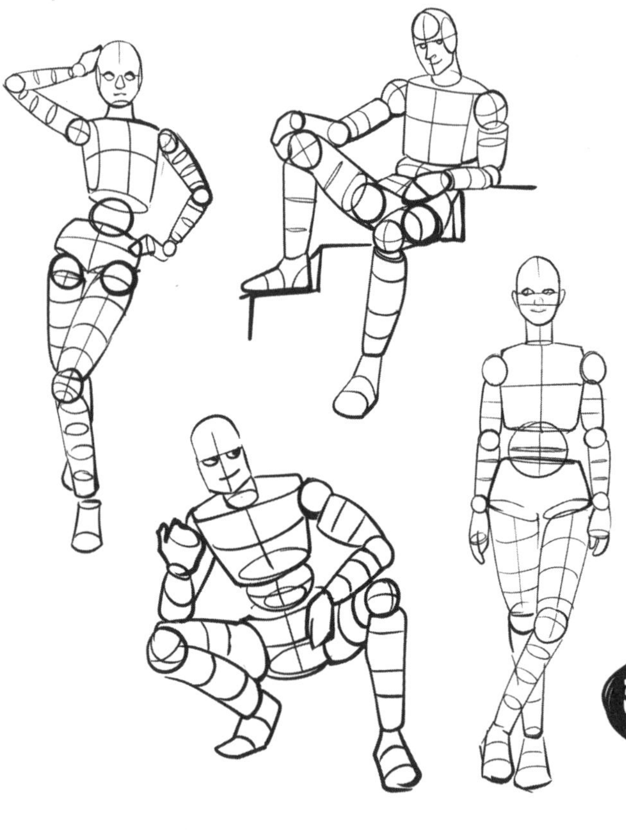

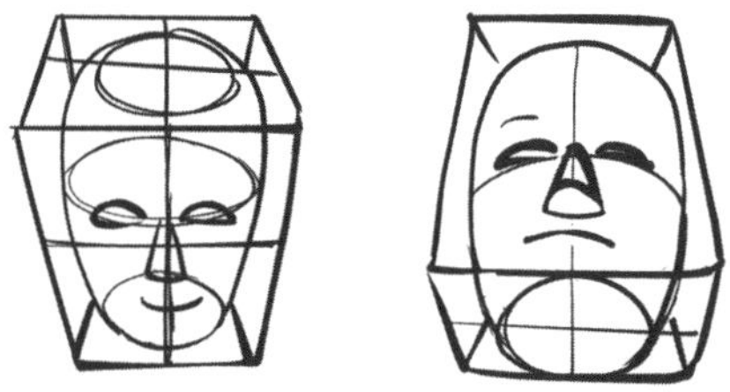

Mal doch den Kastenmenschen ein paar Klamotten, sei so gut, sie sehen sonst so gespenstisch aus. **Achte mal auf die Linien an Beinen und Armen**, wie sie sich nach oben und unten wölben. Hier habe ich die erlernte **Perspektive** eingesetzt.

TRAININGSPROGRAMM WOCHE 2

Tag 1: Warm-up (siehe Woche 1), dann sechs Würfel zeichnen (auch mal mit echter Vorlage, vielleicht findest du ja eine Box) und die Übung „**Illusionen**" von Seite 23 auf DIN-A5-Größe.

Tag 2: Warm-up, dann zwei DIN-A4-Blätter mit **Schläuchen** aus Kreisen und Spiralen füllen, die Übung findest du auf Seite 28.

Tag 3: Warm-up, anschließend wieder zwei DIN-A4-Blätter mit **Schläuchen** vollzeichnen, dann einen **Würfel** zu Papier bringen und zu guter Letzt mit **Fluchtpunktperspektive** und **Hilfslinien** eine Box zeichnen (siehe die Übung auf Seite 29).

Tag 4 bis 7: Warm-up, ein Blatt voller **Schläuche**, einen **Würfel** und dann ein weiteres DIN-A4-Blatt voller **Boxen** in Fluchtpunktperspektive. So entsteht fast eine kleine Stadt.

Lockere die täglichen Übungen auch mal auf und erlaube dir **andere Zeichnungen**. Die zweite Woche ist recht einseitig, da ein Gefühl für die richtige **Perspektive** erst **aufgebaut** werden muss. Brauchst du etwas länger zum Verstehen, dann nimm dir die Zeit. Schau dir auch meine Videos an, die **QR-Codes findest du im ganzen Buch verteilt.**

Fazit: Man kann mit Kreisen und Linien auf einem **zweidimensionalen** Blatt Papier eine **dritte Dimension** schaffen. Die bisherigen Formen sind aber sehr simpel. Realistische Zeichnungen sind doch so komplex? Was nun? Kein Problem: **Man kann jegliches komplexe Objekt, auch Menschen, auf simple Formen runterbrechen. Darum geht es in der nächsten Woche.**

Zum Ende möchte ich dir ans Herz legen, ganz **viele** perspektivische Übungen zu machen. Schnapp dir Zeitschriften und arbeite mit Vorlagen, male die Hilfslinien zur Perspektive ein. Beobachte deine Umwelt. Teile dir einfach alles in Boxen auf. **Die ganze Welt wird zu einem großen Tetris-Spiel.**

WOCHE 3 - FORMEN

Jetzt hast du **Linien** und **Kurven** mit **Perspektive** verbunden und bist in der Lage, eine Form mit **Dimension und Tiefe** zu zeichnen. Ein wichtiger Schritt! Es wird noch dauern, bis du darin richtig sicher bist, das übt sich über die Zeit.
Die **Grundlagen** reichen aber aus, um mit der nächsten Lektion zu beginnen.

In dieser Woche geht es darum zu verstehen, wie komplexe Formen aufgebaut sind und wie man sie **vereinfachen** kann. Bisher haben wir uns ja nur mit simplen geometrischen Figuren beschäftigt. Ein Mensch zum Beispiel ist jedoch um einiges vielschichtiger. Um in der Lage zu sein, komplexe Formen zu zeichnen, musst du erkennen, wie sie **aufgebaut** sind. Und das üben wir in diesem Kapitel.

Auf dieser Seite siehst du ein **Foto** von einem Kopf.
Diesen Kopf kann man in verschiedene **geometrische Formen** zerlegen.
Such doch mal online nach „**Planes of the head**“ und „**Reilly Methode**“.

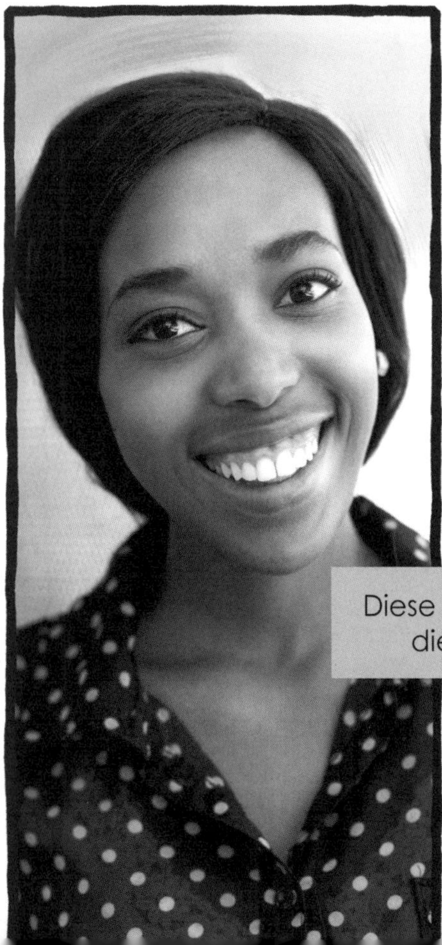

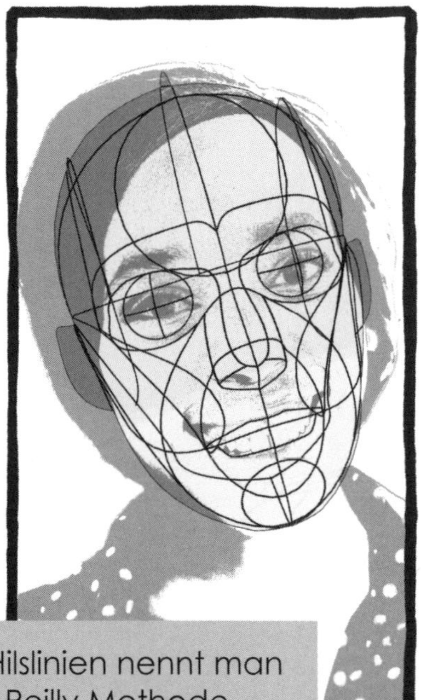

Diese Hilslinien nennt man die Reilly Methode

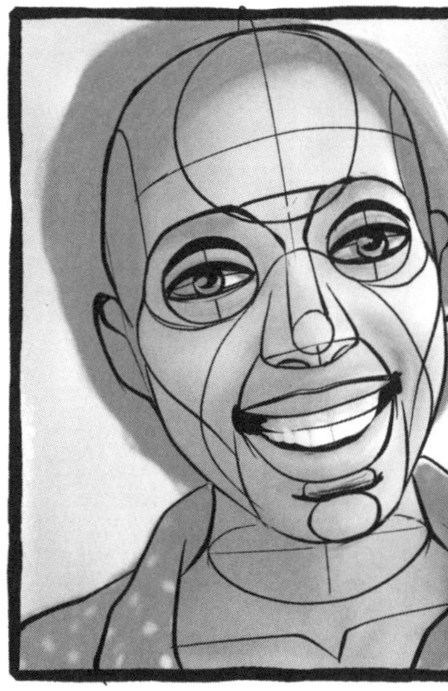

Das musst du noch nicht umsetzen können, es soll dir nur zeigen, wohin es geht.

Die verschiedenen Flächen und Formen eines Objekts und deren Perspektive zu erkennen, nennt man auch: **die Form erfassen.** Die Übung ist bekannt als Formstudie.

Formstudien machen alle Künstler und sie hören niemals damit auf. Du brauchst also nicht zu verzweifeln, wenn es mal nicht klappen will, das gehört dazu und ist ganz normal. **Das berühmte „Der Weg ist das Ziel" ist hier Devise.** Du wirst einfach Schritt für Schritt immer besser werden. Jeder hat dabei sein eigenes Tempo. Schnell oder langsam, es ist kein Wettbewerb. Es geht hier nur um dich und was dir möglich ist.

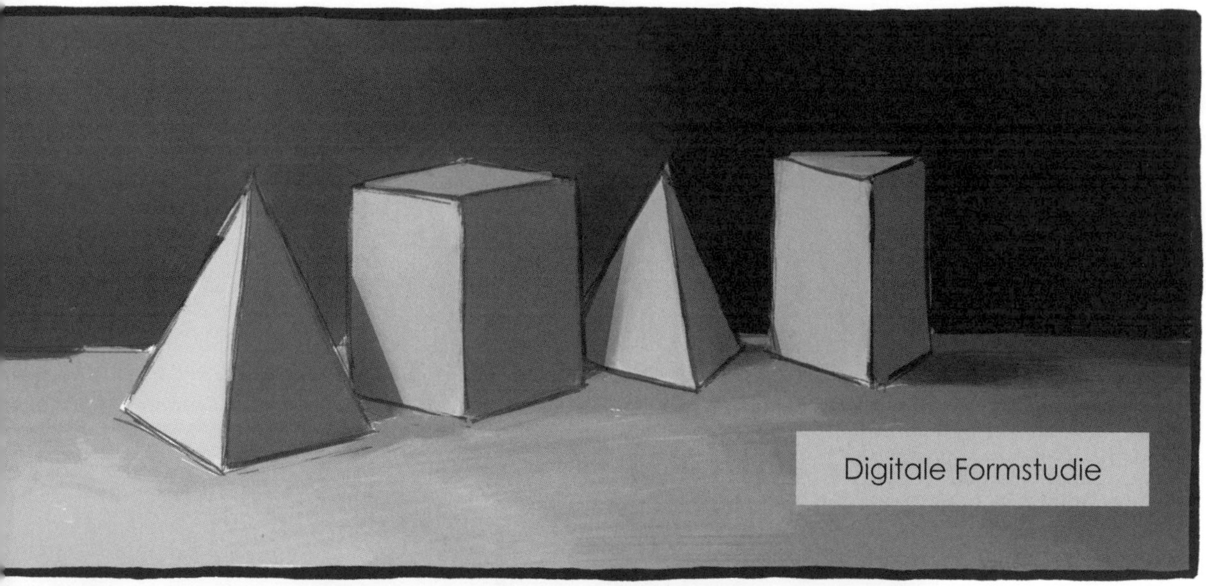

Digitale Formstudie

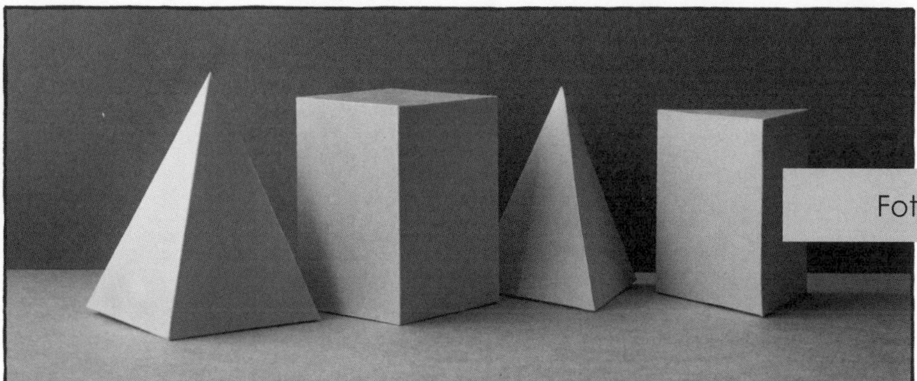

Fotovorlage

WOCHE 3

BASIC FORMEN

Bevor wir mit Menschen loslegen, üben wir an **einfacheren Formen** wie diesen hier. Ähnliche Gegenstände hat jeder zu Hause. Formstudien an greifbaren Objekten sind superhilfreich. **Murmeln, Bauklötze, Äpfel, Birnen, Tassen, Steine** aus dem Garten. Hauptsache, sie sind simpel.

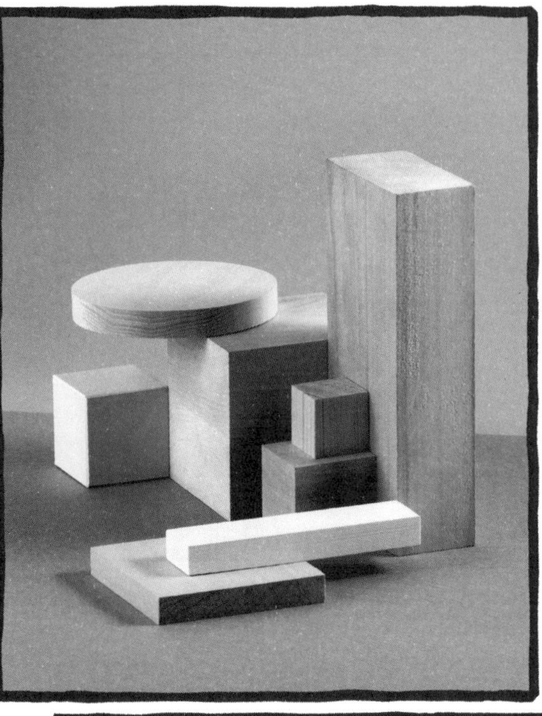

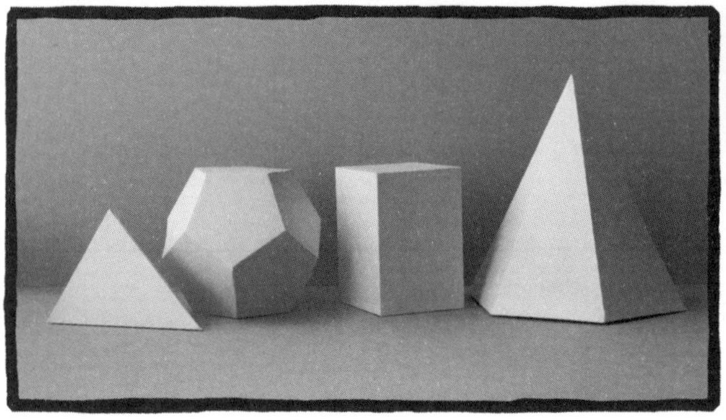

Für den richtigen **3D-Effekt** braucht man eigentlich **Licht und Schatten**, sonst ist ja alles flach. Doch was tut man, wenn man Licht und Schatten noch nicht beherrscht? Man kann den Effekt mit **Gittern** simulieren, die sich über das Objekt spannen. Das kennst du von **Making-of-Videos** aus der Animationsbranche. Mit etwas Bastelarbeit kann man sich da gute Vorlagen schaffen.

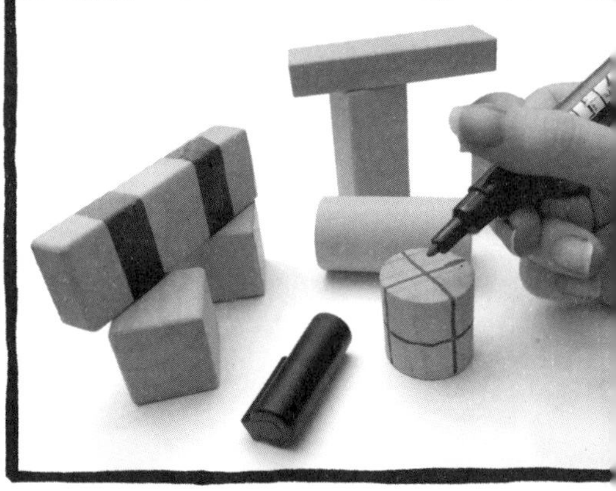

Gummibänder, Kreppband, Schnur, Klebeband oder Kordel kann man um Objekte wickeln und damit sein eigenes Gitter gestalten. Bei welligen Objekten funktioniert Klebeband wirklich super. Pass aber auf und ruinier nicht deine Wohnungseinrichtung.

Schnapp dir ein Papier und ahme die Formen der Objekte auf dieser Seite einfach nach. Ohne zu viel nachzudenken. Eine richtige Übung findest du auf der nächsten Seite.

Übung: Förmchen

Hier siehst du diverse einfache Objekte mit ihren Gitterlinien, um den 3D-Effekt zu verdeutlichen. Diese Modelle stammen aus einer 3D-Software. Versuche, jedes dieser Objekte mindestens **vier Mal** abzuzeichnen. Du wirst sehen, dass es mit der Zeit immer besser klappt. Nimm deinen Daumen zu Hilfe, um die **Abstände** der Linien nachzumessen.

Achte auf die Winkel. Sie verraten dir, wohin eine Linie führt.

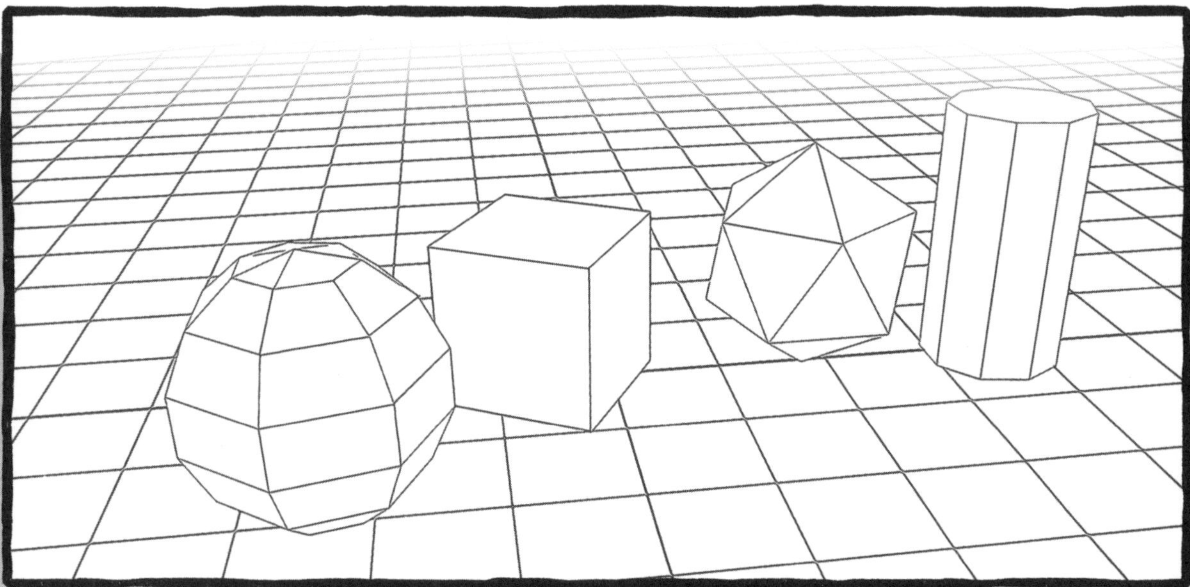

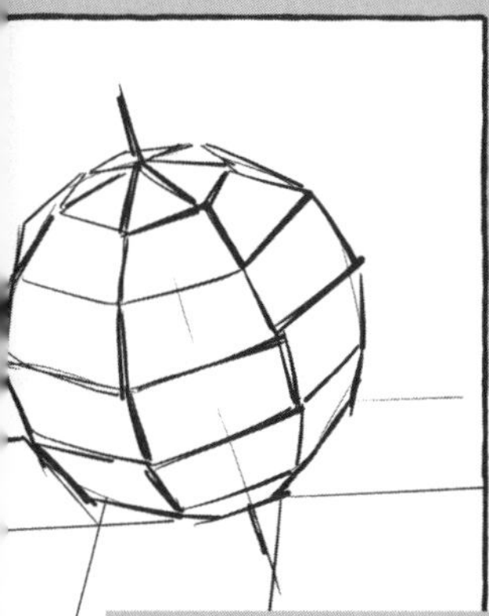

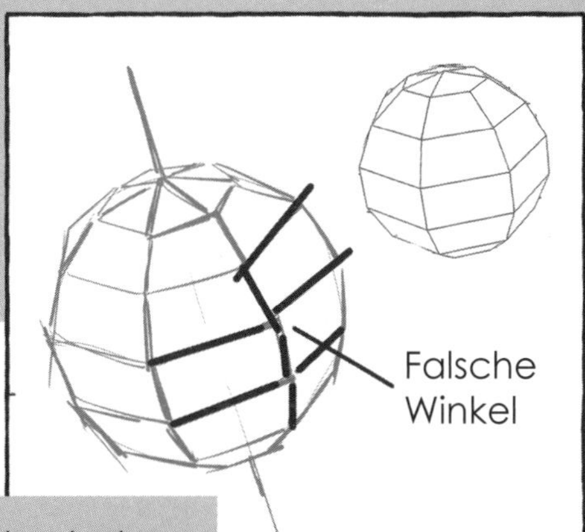

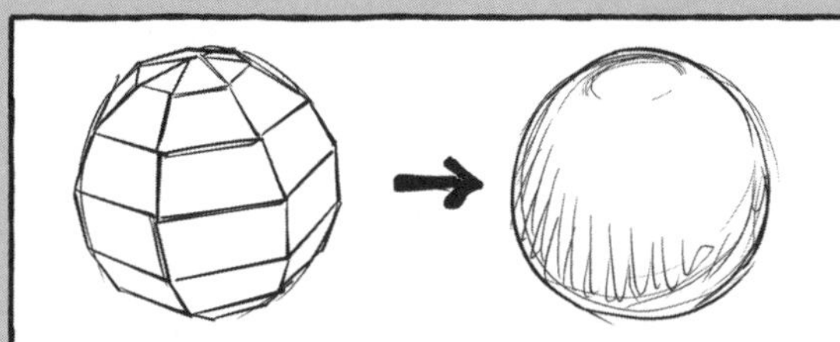

Fehleranalyse durch das Abmessen von Winkeln

WOCHE 3

STUDIENERFOLGE

Die Gitter führen dich an ein Verständnis für die Flächen unserer Welt heran. Und sie werden später sehr nützlich sein, um zu schattieren. Zur Erinnerung: Linien sind die Abgrenzungen zwischen Flächen und lassen uns Formen erkennen.

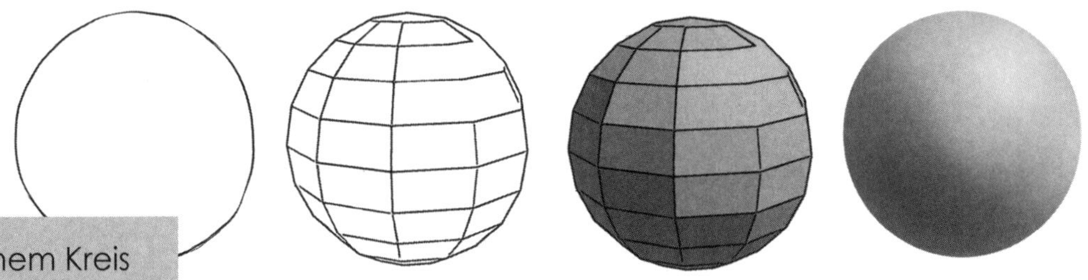

Aus einem Kreis wird ein Ball.

Die Gitter bzw. die **Flächen** sind der Kern, um Strukturen zu **verstehen** und zeichnen zu können. **Jede Linie hat einen festen Winkel**, den man nach Augenmaß, mit dem Finger oder sogar einem Geodreieck abmessen kann. Mir reicht mein **Augenmaß**, das trainiere ich auch fleißig, so wie du jetzt auch. Du lernst durch die nächsten Übungen nicht nur ein schnelles Erfassen von Flächen, sondern gleichzeitig **diverse Formen und Objekte besser kennen.**

Das führt gleich zu einem wichtigen Punkt: **Du kannst nur zeichnen, was du kennst.** Studieren wir das, was wir zu Papier bringen wollen, bauen wir eine Art innere Bibliothek mit **Informationen** zu unseren Studienobjekten auf, und das macht uns zu besseren Zeichnern.

Alles in der Welt folgt Regeln. Wir Menschen sehen so aus, wie wir aussehen, weil alles an uns eine Funktion erfüllt. Wir weichen zwar alle voneinander ab, aber grob betrachtet sehen sich alle Menschen sehr ähnlich, besonders im Vergleich zu Tieren. Das können wir uns beim Zeichnen zunutze machen, indem wir Gesichter und Körper in simplere Formen aufteilen und uns die **groben Grundregeln** des Gesichts merken.

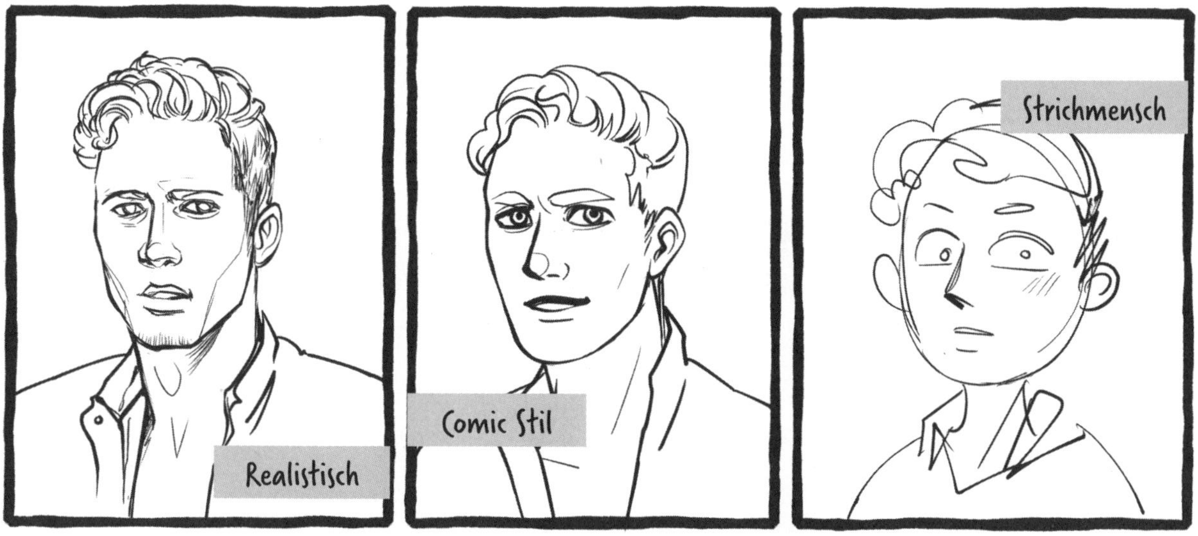

Jetzt tasten wir uns an den **Menschen** heran. So unterschiedlich diese Zeichnungen sind, alle drei können als Gesicht erkannt werden.

Denn wenn man weiß, wie ein Gesicht aufgebaut ist und funktioniert, kann man es auch mit nicht mehr als ein paar Strichen darstellen.
Deshalb arbeite immer mit **Referenzen**. Das sind Bilder, die dir zeigen, wie etwas wirklich aussieht: **also Fotos als Vorlagen**. Von ihnen kannst du abzeichnen und so die Regeln komplexer Formen verinnerlichen. **Das Internet, Zeitungen, simples Beobachten oder ein Spiegel liefern dir viele Referenzen.**

Diese junge Dame zum Beispiel besteht aus einzelnen Linien, die den Flächen auf ihrem Gesicht folgen.

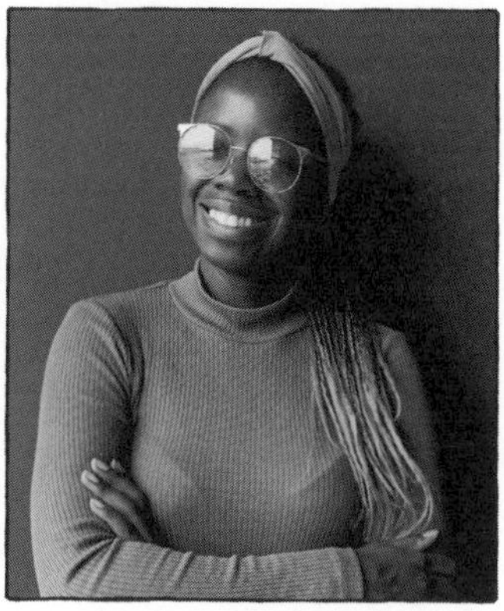

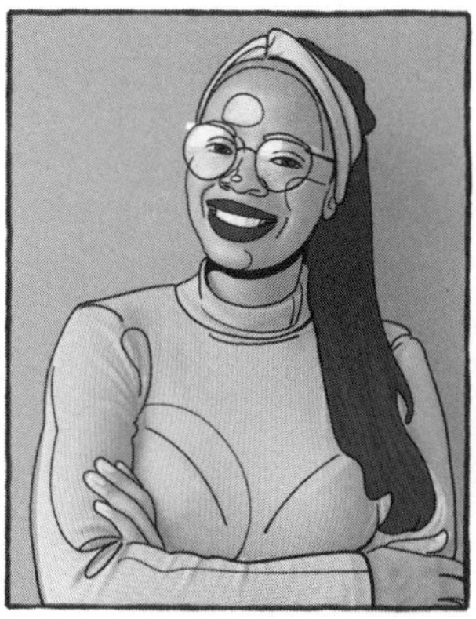

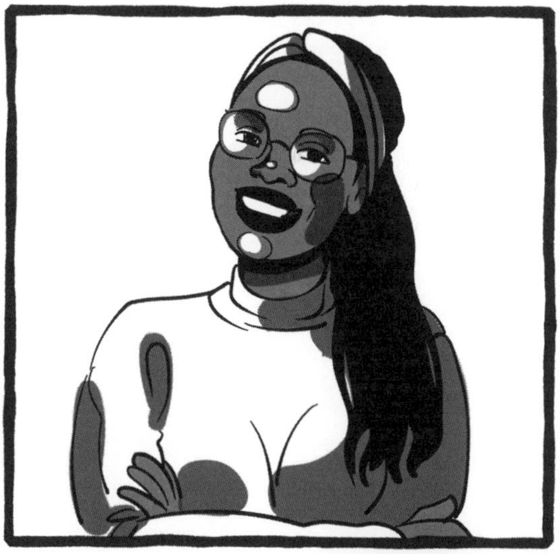

Es hilft, auf einem Foto (z. B. aus einer Zeitschrift) die Flächen eines Gesichts einzuzeichnen und sie dann mit einem dünnen Papier einfach durchzupausen. Abpausen kann helfen, den **ersten Schritt** zum Verständnis der Winkel und Abstände aufzubauen.

WOCHE 3

Übung: Vereinfachen

Bei dieser Übung geht es darum, ein Motiv **auf seine Flächen zu reduzieren.** So kannst du dabei vorgehen:

Such dir ein Foto von einem Gesicht (z. B. aus einer Zeitschrift), schnapp dir einen Stift und zeichne die auffälligsten Flächen ein.

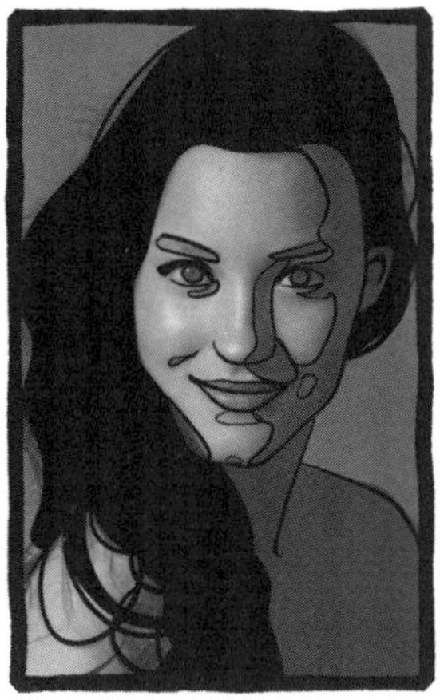

Übertrage diese Flächen dann auf Papier. Beginne mit dem **groben Umriss**. Das kann erst mal ein angedeuteter Kreis sein, denn Köpfe sind recht rund.

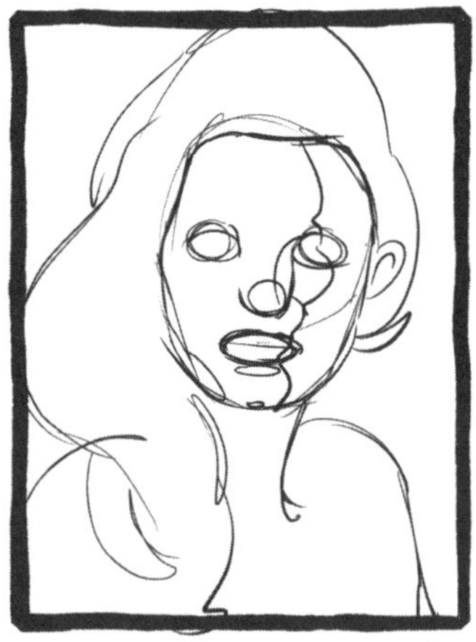

Miss ab, wo sich die Augen befinden, und trage **oben, unten** und **seitlich Fixpunkte** ein, an denen du dich **orientieren** kannst.

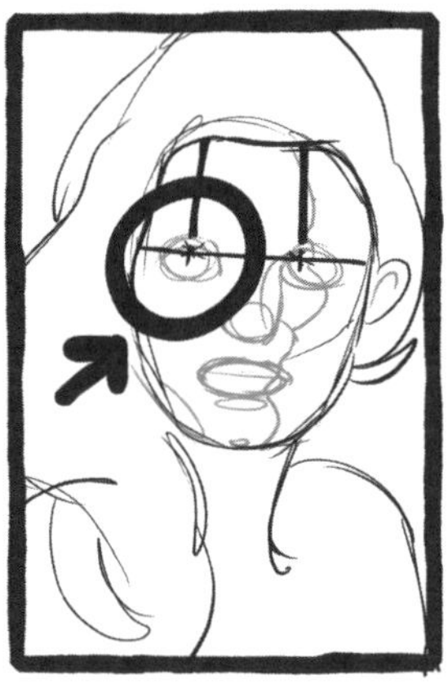

Miss dann mit **Augenmaß, Lineal oder dem Finger** ab, wie die übrigen Linien des Gesichts verlaufen.

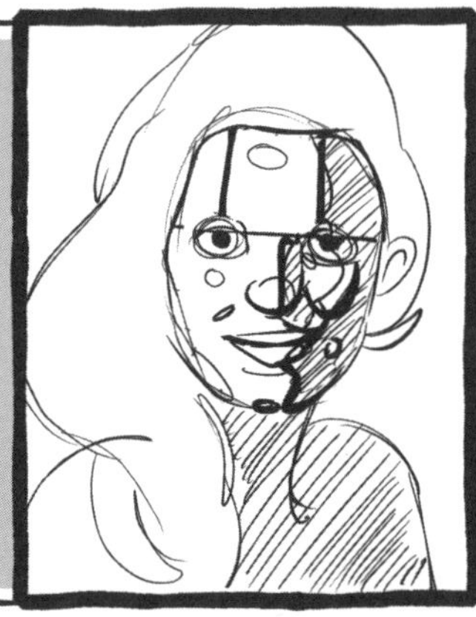

Vielleicht wirkt deine Zeichnung noch **unproportioniert** oder flach und du bist unzufrieden. Bei dieser Übung geht es aber **nicht um Schönheit**, sondern darum, ein Gefühl für den Kopf aufzubauen.
Auf gleiche Weise kannst du Fotos von Katzen, Bäumen, Steinen, Blumen oder anderen Objekten studieren, um deren Form zu erkunden.

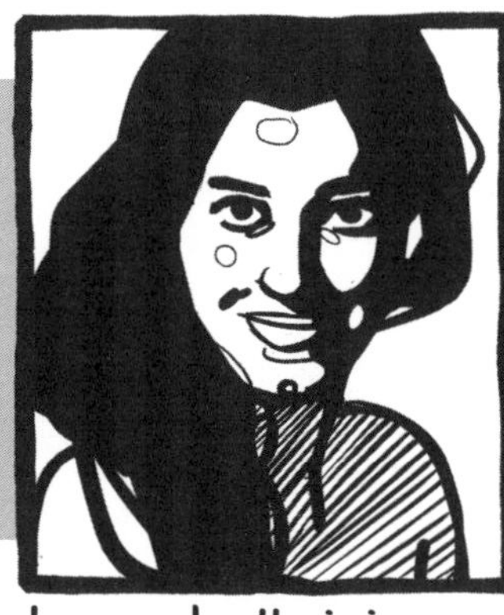

Arbeitest du mit einem Kugelschreiber, musst du eventuell einige Male neu starten, abpausen oder mit mehreren Blättern arbeiten.

Theorie: Die Nase

Damit dein Gesicht auch sehen, riechen und schmecken kann, geht es auf den nächsten Seiten um die Form von Augen, Nase und Mund. **Das ist alles nur Theorie**, danach kommen Übungen mit Hilfslinien, um die Informationen in die Praxis umzusetzen. Die folgenden Seiten dienen nur als **Einführung**.

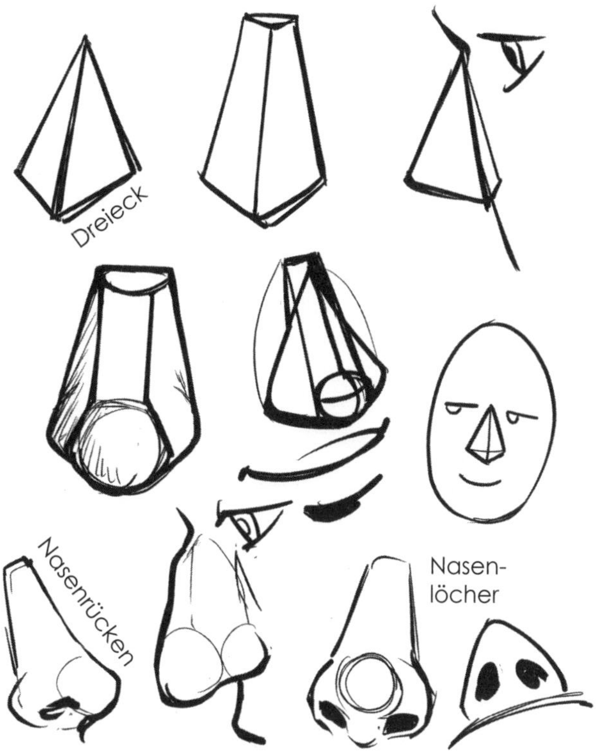

Die Form der Nase kann man erst mal auf ein **langgezogenes Dreieck** beschränken. Schneiden wir dann dessen **Spitze** ab und lassen es in der **Wulst** der Stirn enden, dann sieht es schon sehr nach Nase aus.

Diese simple und einfache Form lässt sich gut begreifen. Im nächsten Schritt geht es darum, sich die komplexeren Flächen dieses Körperteils zu vergegenwärtigen

Der Nasenrücken ist **rund bis leicht kantig**, je nach Person. Die Nasenspitze ist **knorpelig**, mal runder, mal kantiger, sogar gespalten bei manchen Menschen. Ihre runde Form ergibt viele Flächen.

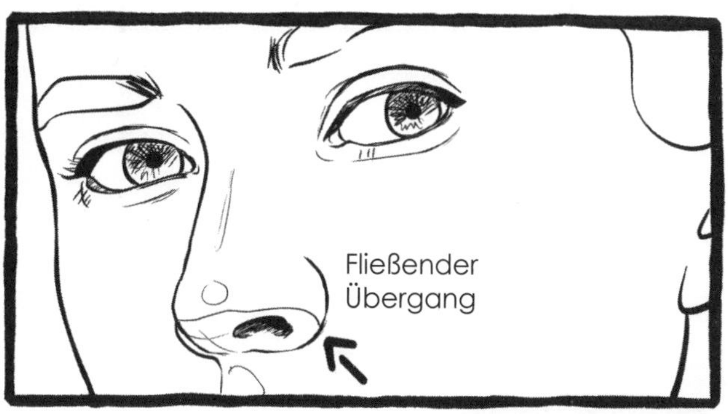

Die **Nasenscheidewand** wird vorn **zwischen** den Nasenlöchern von Haut **verdeckt**. Um die **Nasenlöcher** gibt es eine **kleine Wulst**. Der weiche Übergang von Nasenlöchern zu Nasenrücken und Wangen lässt sich gut mit einer **schwindenden** Linie einzeichnen.

Die Flächen der Nase zu studieren und von Fotos abzuzeichnen oder abzupausen, kann dir helfen, später verschiedenste Nasen zu zeichnen.
Such dir daher Bilder von Nasen und übe mit der Methode „**Vereinfachen**" (Seite 38).

WOCHE 3

Theorie: Das Auge

Zwischen den Augen sitzt die Nase, **über** ihnen erhebt sich die **Wulst der Stirn**. Die Augäpfel schauen durch **Löcher** im **Schädel** heraus, wie zwei Tennisbälle, die sich durch die Öffnungen einer dicken Decke drücken. Die **Augenlider sind Hautlappen** über den Augäpfeln. Augäpfel sind perfekt rund. Die Iris erhebt sich etwas, die Pupille ist ein Loch. Beide sind perfekte Kreise. Je nachdem, wie hell es ist, ist die Pupille geweitet oder verschlossen.

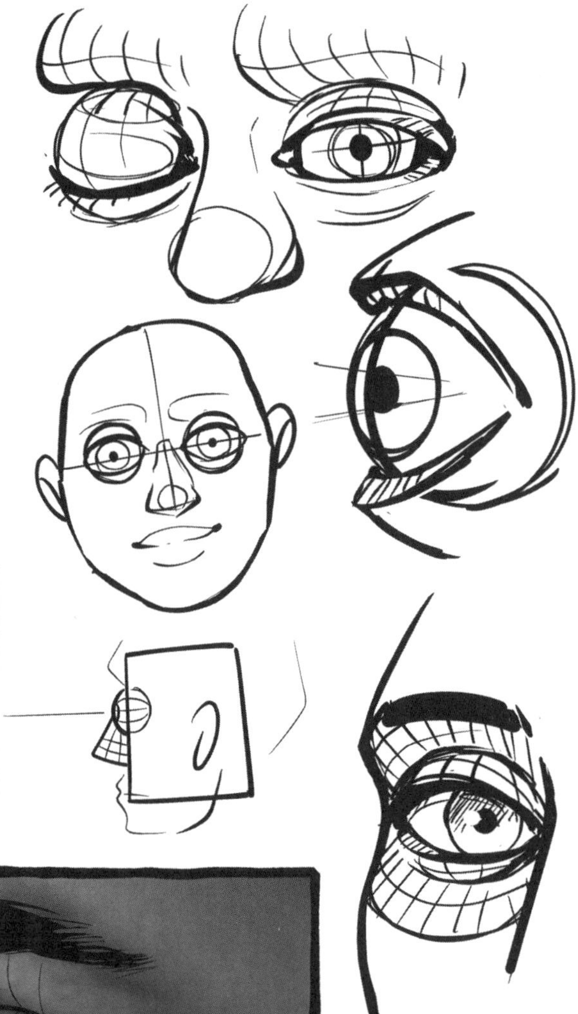

Die Augäpfel sitzen im Kopf und schauen ein Stück heraus. Die Delle für die Augen ist recht tief. Das ist beim Zeichnen zu beachten. Wenn du Augen zeichnest, dann sind das keine Kreise auf einem Ballon, sondern **Bälle in Vertiefungen**. Die Tiefe der Augen ist sehr wichtig.

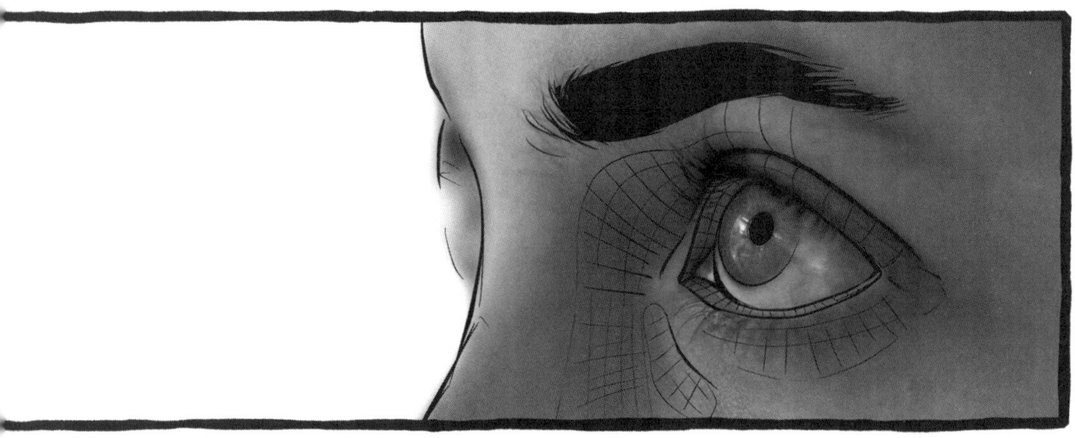

Die Winkel, die Abstände, die Form – das alles ist von Mensch zu Mensch verschieden. Schau dir möglichst viele verschiedene Augen auf Fotos an und studiere ihre Form anhand der Methode „**Vereinfachen**“ (Seite 38).

Theorie: Der Mund

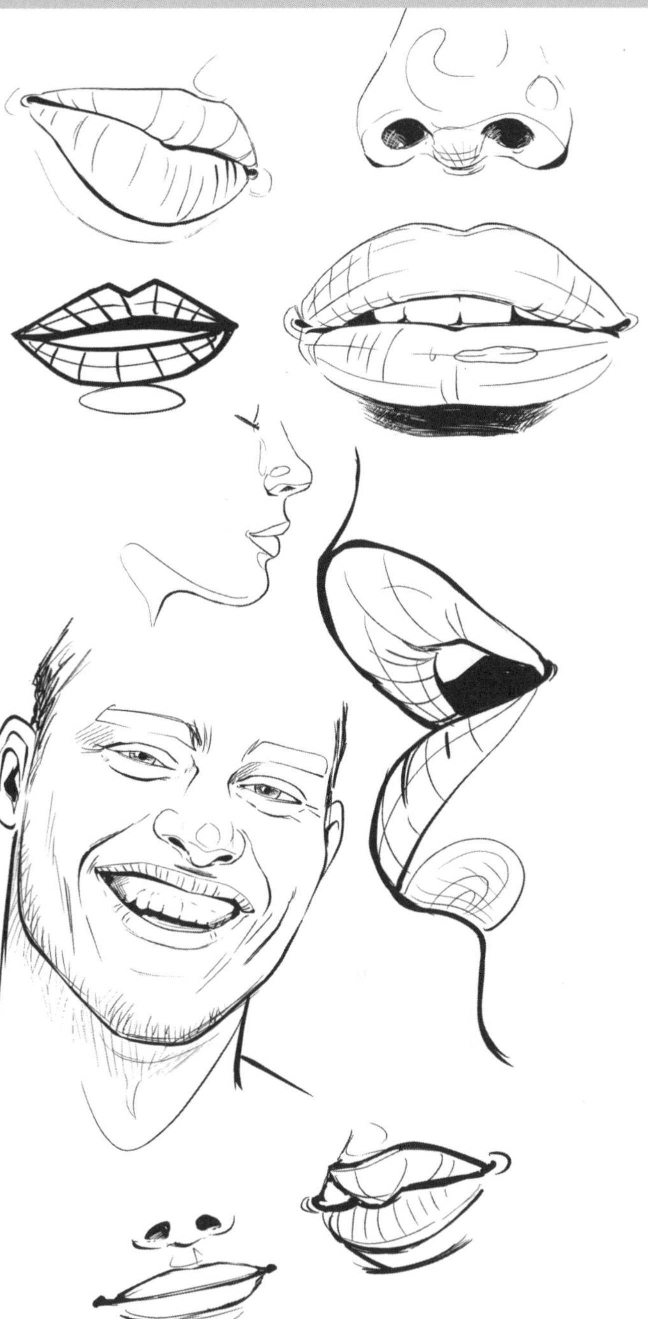

Lippen sind sehr **unterschiedlich**: Sie können weich und rund sein oder flach und simpel, geschwungen, mit oder ohne Bogen, hervorstehend, zurückgezogen. Spannend ist vor allem der **Schwung unter** der Unterlippe. Der wird oft vergessen, besonders beim Schattieren. Um es einfacher zu halten, beginnen wir damit, die simplen Flächen der Lippen einzuzeichnen. **Die Oberlippe steht weit hervor**, auch der Part über den Lippen ist **teils nach oben gerichtet** und wird beleuchtet, wenn Tageslicht von oben darauf fällt.

Wenn sich der Mund bewegt, dann vor allem der Kiefer: Das verändert auch die Bewegung der Lippe. Wir haben **viele Muskeln** um den Mund herum, zum Zusammenziehen, Spitzen, Verzerren. Deshalb bilden unsere Lippen auch Rillen, sie müssen ja flexibel sein, damit sie sich dehnen können.

Auch jedes Kinn ist sehr individuell. Manche haben eine Delle, andere sind kantig, runder, kürzer, länger. Auch der Ansatz am Hals ist sehr verschieden.

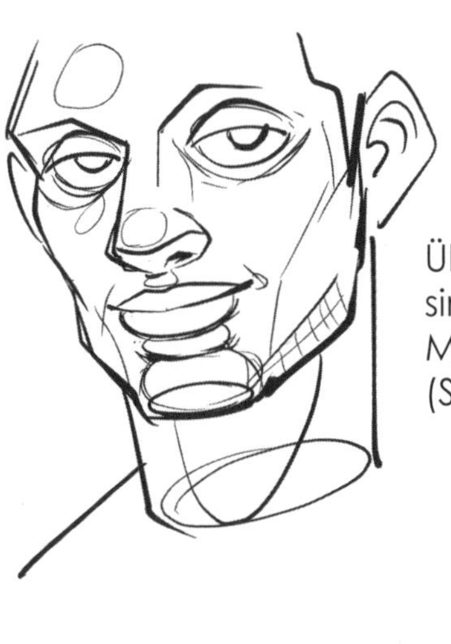

Übe Kiefer und Lippen von simpel bis komplex mit der Methode „**Vereinfachen**" (Seite 38).

WOCHE 3

3D KOPF

Wenden wir das doch gleich mal an. Das hier sind vereinfachte **3D-Versionen** eines menschlichen Kopfes, androgyn und aus zwei bekannten Winkeln. Deine Aufgabe ist nun, diese Köpfe wieder und wieder und wieder einfach abzuzeichnen, um ein Gefühl für die Form zu bekommen. Die Proportionen sind **nicht realistisch**, es geht hier ums Verständnis für die **Flächen**.

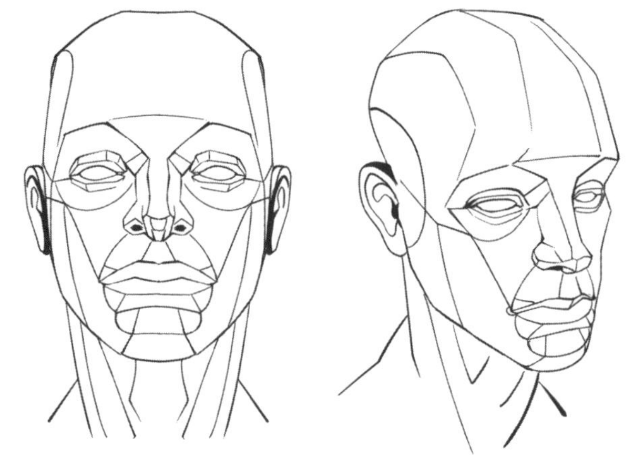

Erinnere dich an alles, was du gelernt hast: Winkel.
Das Verständnis der Form. Die Tiefe. Die Fülle. Die Perspektive.

Es geht überhaupt **nicht** darum, wie **gut** das aussieht. Durch das simple **Wiederholen** speichert das Gehirn nämlich mehr und mehr Informationen zur Form und du kommst von Bild zu Bild weiter. **Meine ersten Übungen dieser Art waren absolut unkenntlich.**

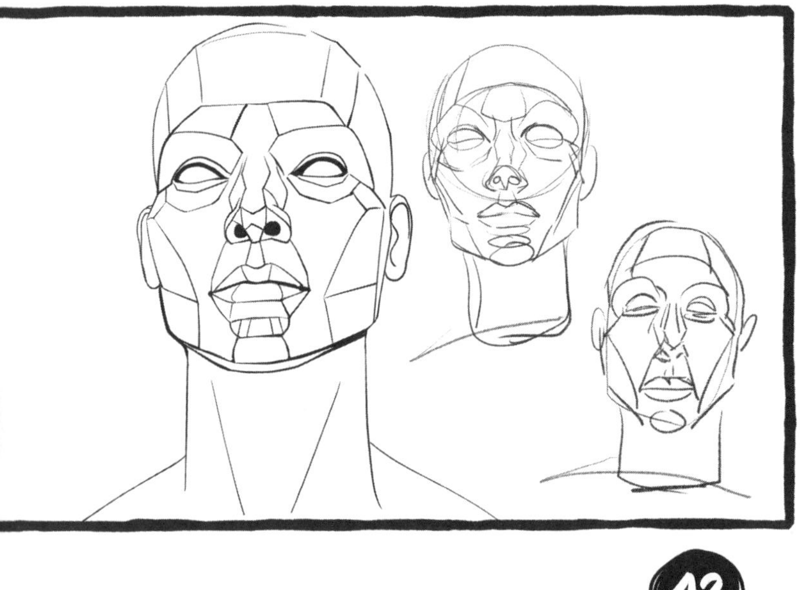

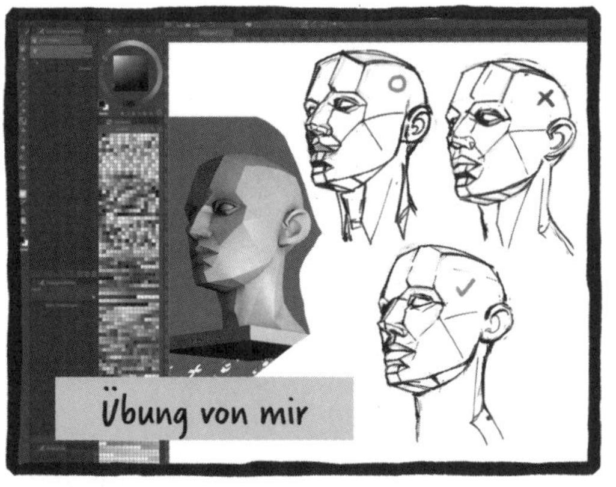

Mehr Hilfslinien und **Schritt-für-Schritt-Erklärungen** für Gesichter folgen auf den nächsten Seiten. Hier ging es nur um Flächen!

Übung: Die Flächen des Kopfes

Next Step: Zeichne den Kopf **dreimal** auf **dünnem** Papier ab und halte jeden über die Vorlage. So kannst du überprüfen, wo du abgewichen bist. Gönn dir eine Pause zwischen den Zeichnungen, schau dir jedes Mal an, wo du abgewichen bist. *Was ist zu lang? Welcher Winkel stimmt nicht? Welcher Bogen läuft falsch?* Berücksichtige diese Erkenntnisse bei der nächsten Zeichnung. Wenn du alle drei Zeichnungen am Ende vergleichst, wirst du sicherlich eine Lernkurve sehen.

Es geht nicht darum, nach wenigen Tagen bereits gute Gesichter zeichnen zu können. **Das dauert sehr, sehr lange.** Und diese Übungen allein werden dafür auch nicht ausreichen, aber es ist ein **Anfang**. Wenn du **jeden Tag** abzeichnest, wirst du schnell erhebliche Fortschritte erzielen. Die **Dreimal-ein-Kopf-Übung** gelingt immer, denn es ist völlig gleich, wie der Kopf am Ende aussieht. Es geht allein ums Lernen!

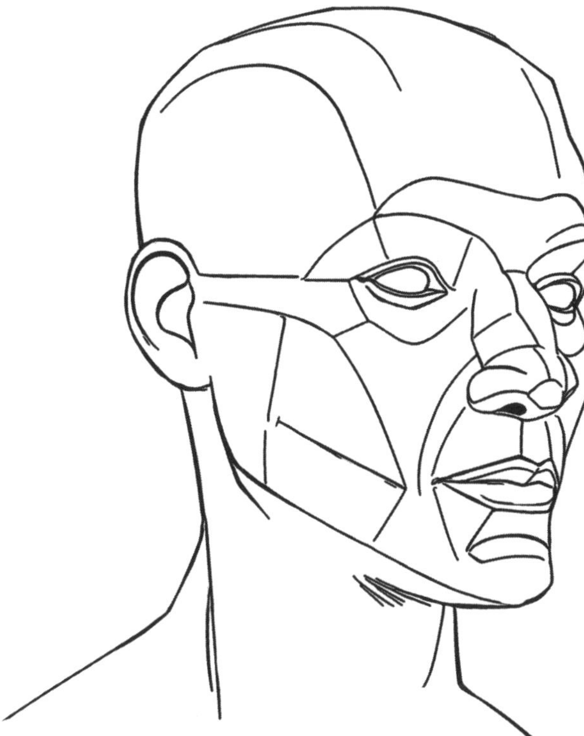

Von Franz (32) absoluter Anfänger

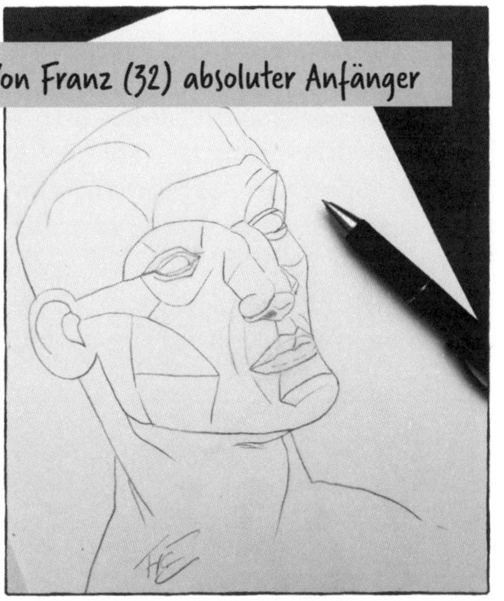

WOCHE 3

Übung: Hilfslinien I

Jetzt folgt die Praxis. Hier siehst du eine enorm vereinfachte Version dieser Köpfe. Sie erinnert ein bisschen an die Anfangsübungen dieser Woche, nicht wahr? Der Kopf ist, wie du gemerkt hast, **keine einfache Kugel**. Eher ein Ball mit abgeflachten Seiten. Trotzdem kann man mit einer Kugel anfangen. Und den Rest erledigen Hilfslinien. **Hilfslinien folgen Regeln**, die ich dir Schritt für Schritt verdeutlichen möchte.
Los geht's – du kannst einfach mitzeichnen!

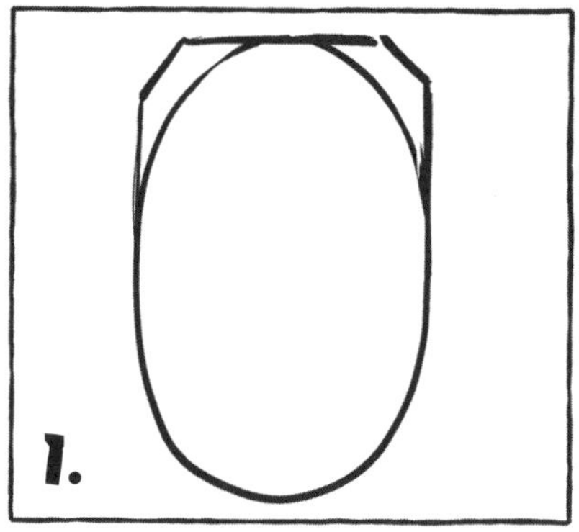

1. Ich beginne mit einem **Oval**. Dann packe ich ein paar Kanten dran. Forme damit die Stirn.

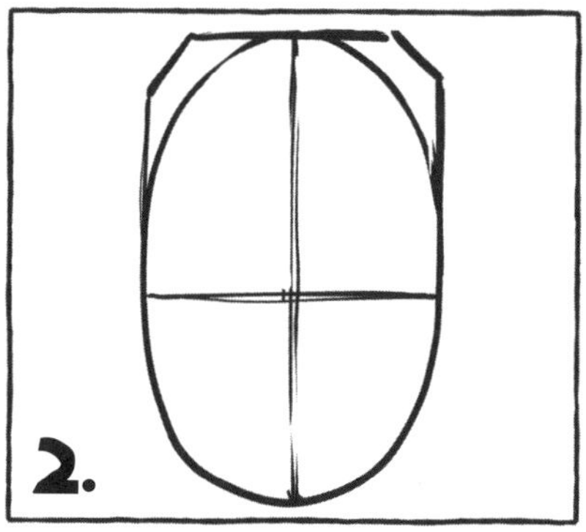

2. Dann einmal in der Mitte teilen, senkrecht und beinahe waagerecht. Diese Linie sitzt **kaum merklich tiefer**, wie du siehst.

3. Etwas oberhalb der waagerechten Linie liegen die Augen, zwischen Augen und Kinn liegt die Nase. Das alles variiert natürlich von Mensch zu Mensch, aber es ist ein guter Ansatz. Passend dazu zeichne die Hilfslinien ein. Siehst du wie gleichmäßig die Abstände zu unserer ersten waagerechten Linie sind? Orientiere dich daran.

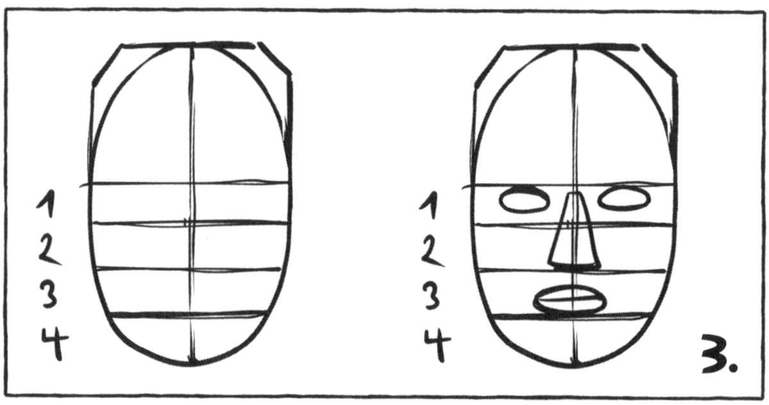

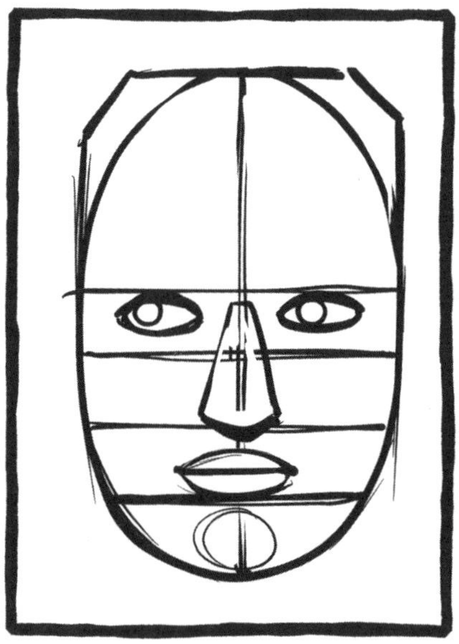

Du kannst, wie ich das getan habe, auch schon Augen und Co. einzeichnen, ich habe das nur zum Verdeutlichen der Hilfslinien getan, damit du weißt, zu was sie gehören.

4. Meistens Enden die Ohren nahe der Nasenspitze (Linie 3) und oberhalb der Augen (Linie 1), manchmal auch nahe der Augenbrauen.

5. Augenbrauen sitzen übrigens auf der Haut und stellen nicht unbedingt das Ende der Augenhöhle dar. Die Augenhöhle, das siehst du hier besser, sitzt weiter hinten in dem ursprünglichen Oval (von der Seite gleicht der Kopf eher einem verzerrten Ballon).

6. Zur Vereinfachung zeichne ich zuerst die Augäpfel ein. Perfekt kreisrund. Zwischen zwei Augen passt ungefähr ein drittes Auge. Zur Seite in etwa der Abstand von einem halben Auge.

7. Die Nase wird ein Dreieck. Der Mund einfach ein spitzes Oval.

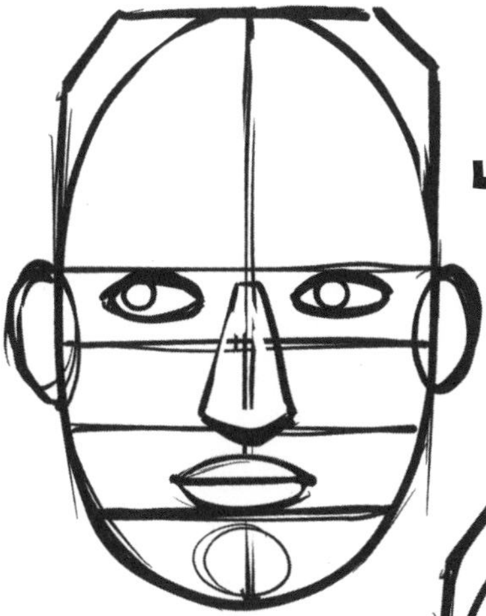

4.

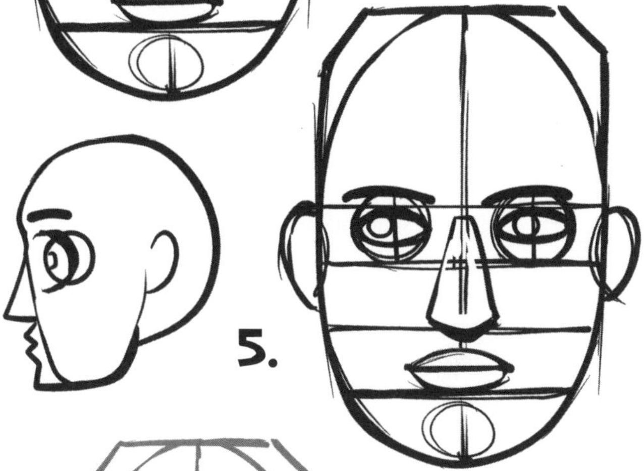

5.

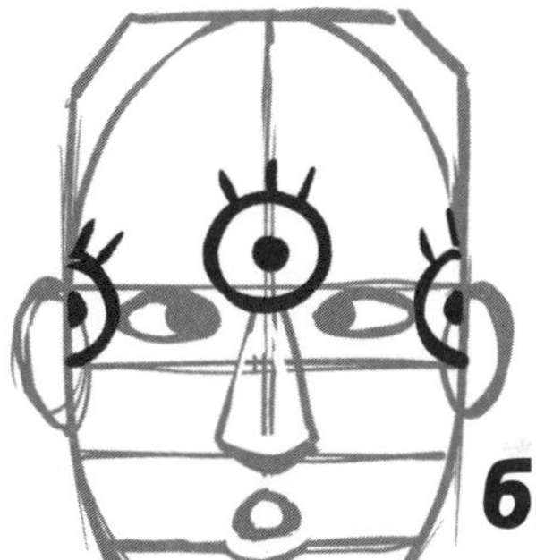

6.

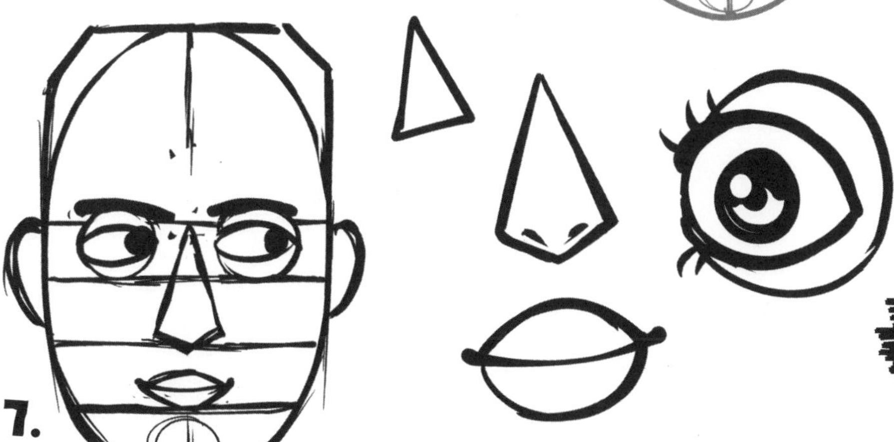

7.

Übung: Hilfslinien 2

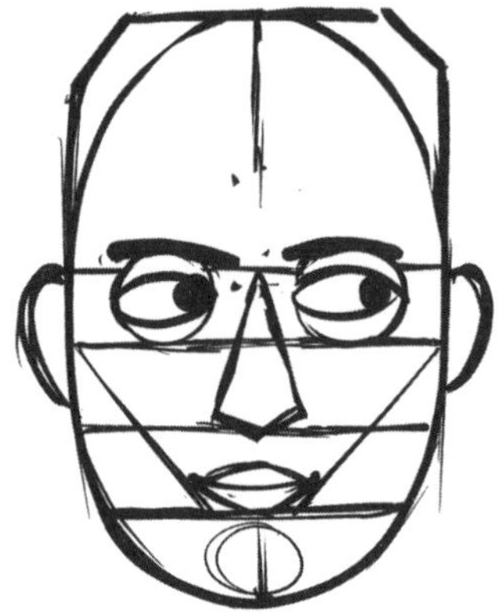

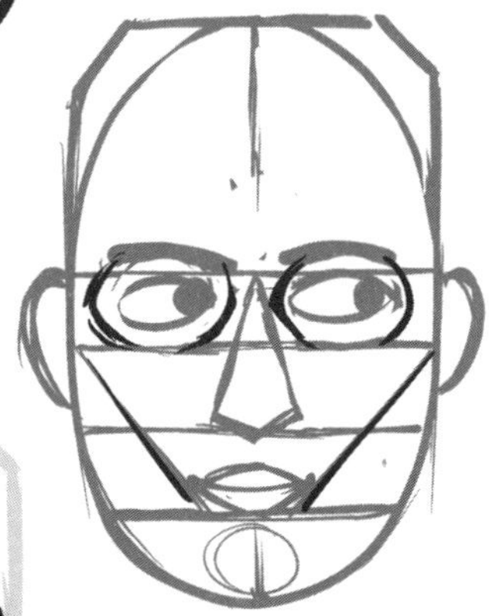

8. Zum Mund hin zeichne ich noch die Wangen ein. Diese Linien entstehen sowohl durch die Knochen als auch durch das Fett, die Muskeln und den Kieferansatz.

9. Um die Augen herum skizziere ich die Augenhöhlen, damit ich die Form und Fülle von Stirn und Nase besser erfassen kann.

10. Die Nase bekommt ein paar Rundungen für Nasenspitze und Nasenlöcher.

11. Jetzt **orientiere** ich mich immer an **Fotos**, je nachdem, wen ich da eben zeichnen möchte, und kümmere mich dann darum, Stirn, Wangen und Kiefer auch seitlich besser zu formen. Manche Menschen haben einen sehr schmalen Kiefer, andere einen richtigen Kasten.

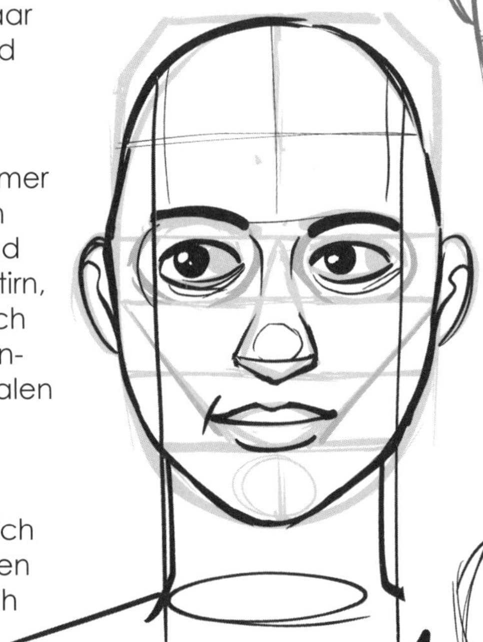

Auch je nach Gesicht erstelle ich eigene Hilfslinien, wenn es Falten auf der Vorlage gibt, denen ich folgen kann. **Sehr praktisch!**

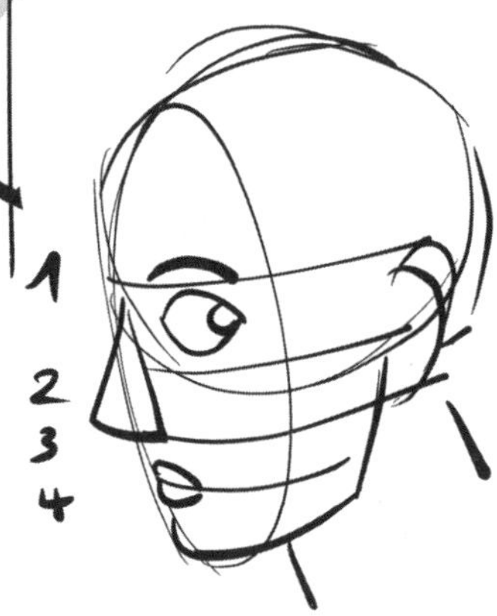

Es ist, als würde man langsam aus einem Holzblock ein Gesicht schnitzen. **Erst alles ganz grob und dann immer mehr ins Detail.**

Diese Hilfslinien kannst du auf **jeden Gesichtstyp** übertragen. Menschen haben mal längere, mal breitere Gesichter, sind dünn, dick, drall, groß und klein. Du kannst die Hilfslinien entsprechend abwandeln. Orientiere dich dafür wie immer an Fotos oder Videos, im Idealfall am lebenden Objekt. **Es lässt sich gut mit einem Spiegel üben oder mit Freunden und Familie.**

Vielleicht fragst du dich, wieso ich diese **Hilfslinien erst jetzt** einführe. Weil ich nicht möchte, dass du dich völlig auf sie verlässt. Sonst arbeitet man immer mit den gleichen Abständen, verzettelt sich zu sehr in den Linien und verzerrt das gesamte Gesicht, wenn man eine falsche Linie setzt.

Lernst du die Flächen des Kopfes zuerst kennen, überträgst du dieses Wissen auf die Hilfslinien. **Es ist ein Zusammenspiel von Informationen und man braucht etwas, bis man routiniert wird.**

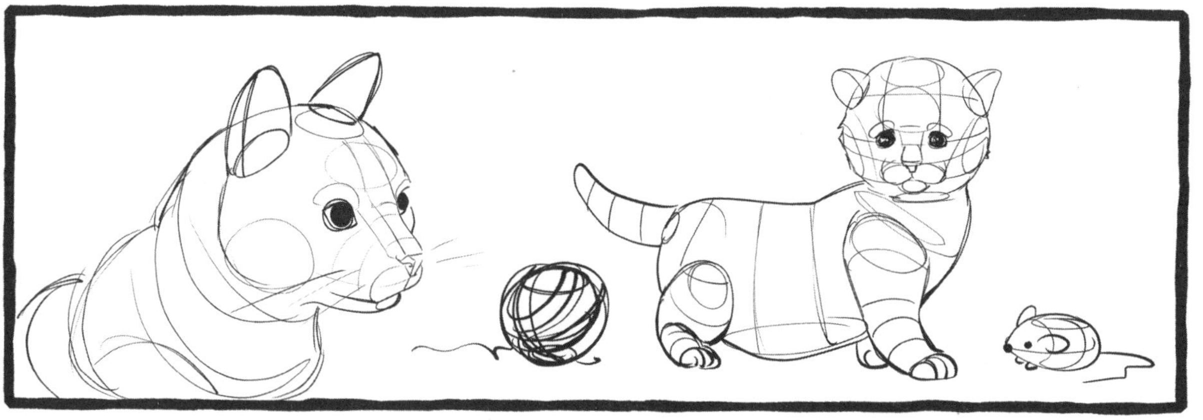

Kannst du Flächen erkennen, Winkel richtig abmessen und Tiefe begreifen, wirst du in der Lage sein, dieses Wissen bei **jedem beliebigen Objekt** anzuwenden. Je mehr du abzeichnest, desto besser wirst du auch ohne Vorlage zeichnen können.

WOCHE 3

LINIEN TRAINING

Schnapp dir nun erneut ein paar Fotos und überlege, wie die Hilfslinien auf diesen Gesichtern wohl verlaufen würden. Kombiniere das auch mit den Übungen aus Woche 3, **schau dir die Flächen der Gitterköpfe** an und wie sie auf dem Foto sitzen würden. Das alles geht wieder super mit dünnem Papier.

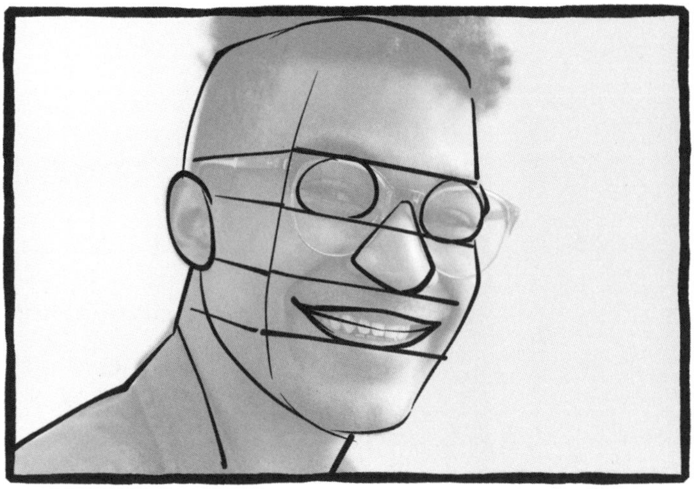

Jung, alt, Frau, Mann, androgyn, dick, dünn, kräftig, schlaksig oder gar *stilistisch*. Je nach Alter und Körperbau verändert sich das Gesicht enorm.

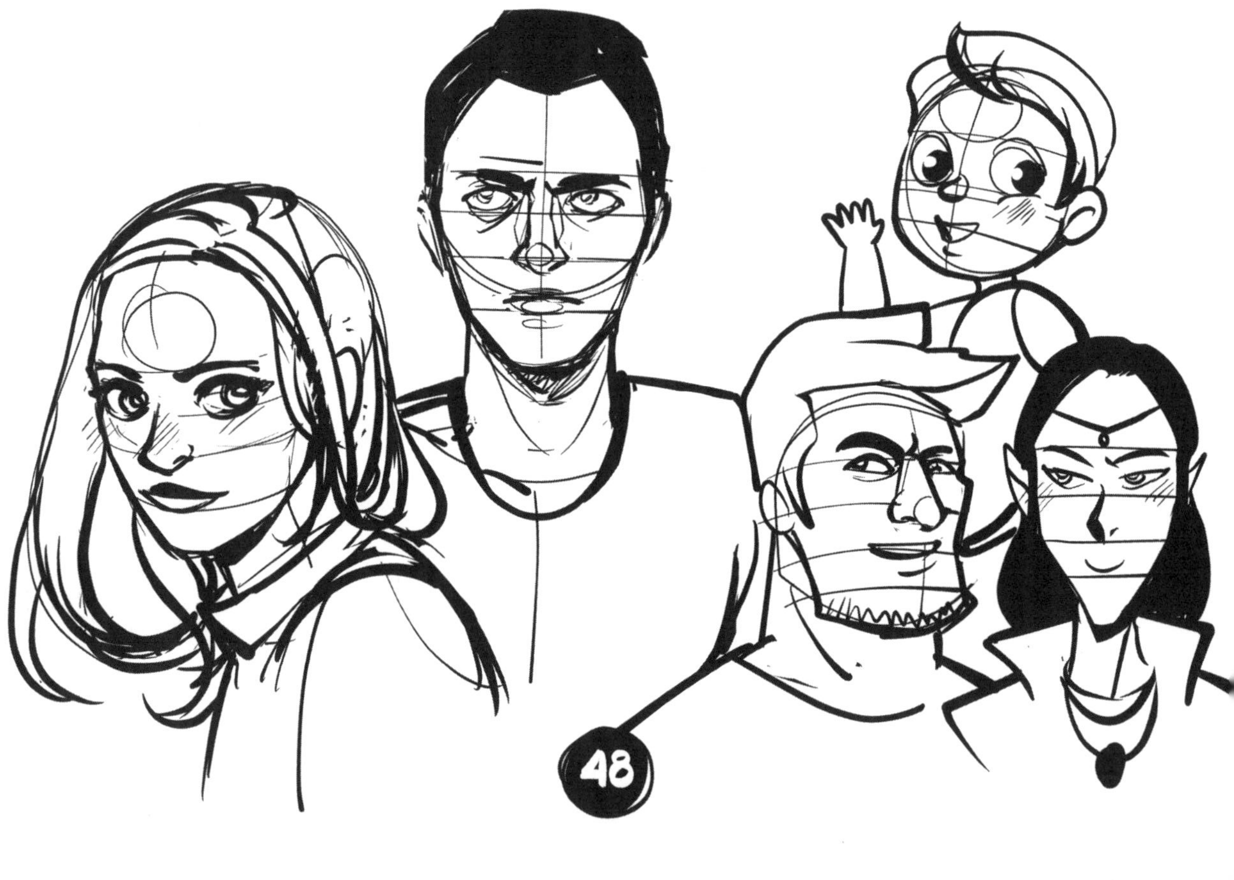

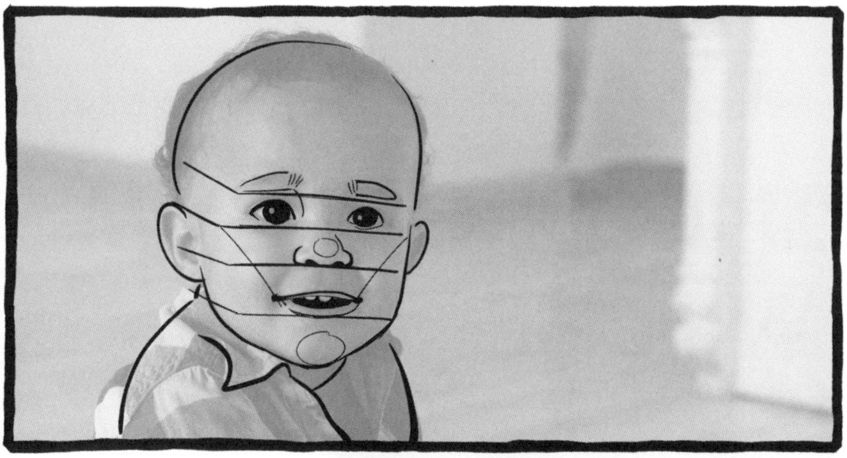

Kinderköpfe sind ziemlich rund, alles liegt näher beisammen, die Augen sind groß, die Nase stupsig und oft knubbelig. Der Babyspeck sitzt auf den Wangen und vom Hals sieht man weniger.

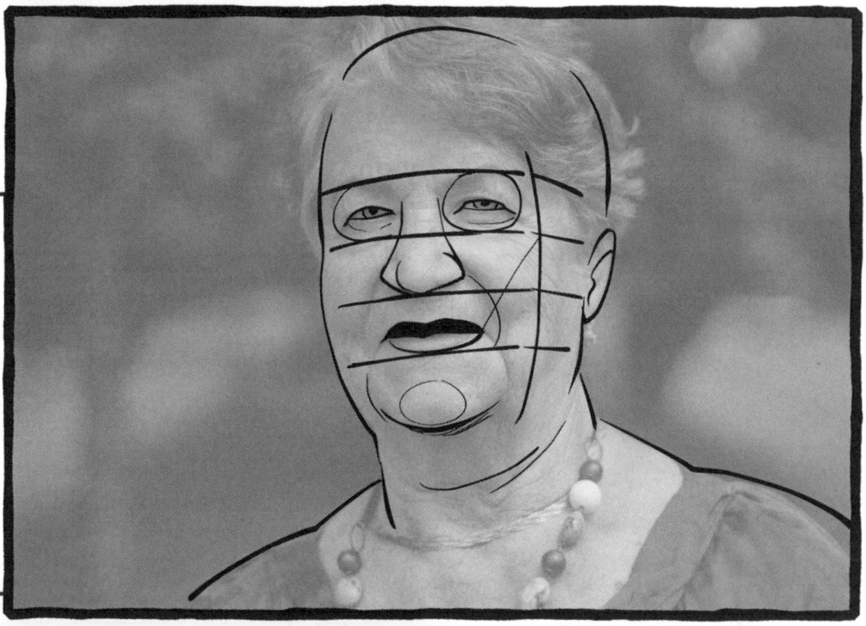

Alte Gesichter sind gezeichnet von vielen Bewegungen. Die Haut sitzt nicht mehr straff, die Lippen sind schmaler, die Nase wirkt oft sehr viel größer. Die Augen erscheinen klein.

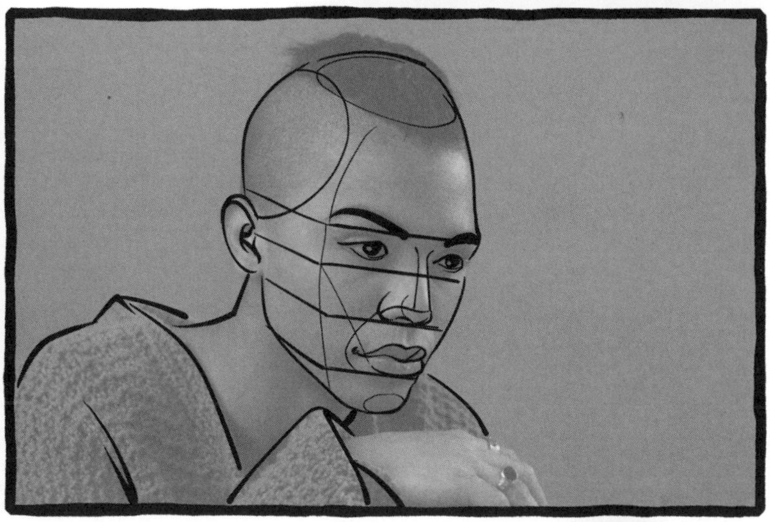

Androgyne Gesichter kennzeichnet eine Balance zwischen dem, was als männlich, und dem, was als weiblich gesehen wird. Feine Gesichtszüge kombiniert mit kantigen Elementen.

TRAININGSPROGRAMM WOCHE 3

Diese Woche war vollgepackt mit Informationen. Erwarte nicht von dir, dass du nach einer Woche Üben das perfekte Gesicht zeichnen kannst – denn das kann niemand, auch nicht nach Jahren. Es gibt kein **„perfektes Gesicht"**. Aber du wirst dich deinen Vorstellungen von Gesichtern **langsam annähern**. Die Woche soll dir einen Weg aufzeigen, wie du dich an ein Motiv heranarbeiten kannst. Formstudien helfen dir, die Flächen eines Motivs zu erkennen und zu vereinfachen. So wirst du dich Schritt für Schritt an realistische Zeichnungen herantasten.

Hintergrundinformation:
Je mehr du die komplexe Form verstehst, **desto einfacher** wird es zu entscheiden, welche Linien wirklich wichtig sind, um z. B. ein Gesicht darzustellen. Welche Linien braucht es für die Darstellung einer Nase wirklich? So gelingt es Künstlern, mit nur sehr wenigen Strichen ein lebendiges Gesicht zu zeichnen.
Das ist es auch, was man „Zeichenstil" nennt.

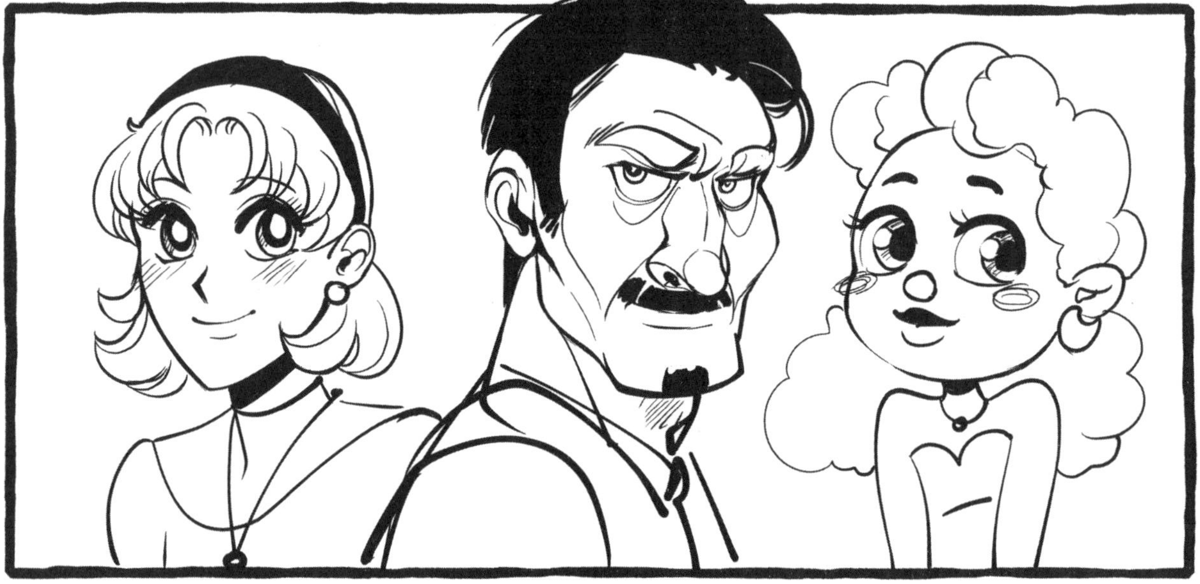

Tag 1: **Warm-up**, fünf **Schläuche**, ein **Würfel**, die Übung „**Förmchen**" und „**Vereinfachen**" auf den Seiten 35 und 38. Mach davon so viel du kannst und magst.

Tag 2: **Warm-up**, fünf **Schläuche**, ein **Würfel**, dann zu **Nase und Augen**. Nimm dir die Seiten 39 und 40 vor. Zeichne die dort abgebildeten Nasen ab und **studiere** ein paar hübsche Nasen und Augen auf **Fotos**. Wie man Flächen erkennt, haben wir ja schon geübt, halte dich einfach daran, was du daraus gelernt hast. Vereinfache die Augen und Nasen, **gehe strikt nach den Kanten, Winkeln und Längen.**

Tag 3: **Warm-up**, fünf **Schläuche**, ein **Würfel**, **Nase, Augen und Lippen**. Ja, jetzt kommen auch noch die Lippen dazu (Seite 41).

Tag 4: **Warm-up**, fünf **Schläuche**, ein **Würfel**, die **Flächen des Kopfes**, einen Kopf von dazu (Seite 43) ganze drei Mal abzeichnen. Wie das am Ende aussieht, ist total egal. Die Übung schult dich ganz langsam. Was du darüber hinaus üben möchtest, ist dir überlassen.

Tag 5: Das gleiche Programm wie gestern. Nimm dir dafür, wenn du kannst, etwas mehr Zeit. Schalte ein Hörbuch ein, lass einen schönen Film laufen, gönn dir die Zeit und entspanne dich beim Abzeichnen.

Tag 6: **Warm-up**, fünf **Schläuche**, ein **Würfel**, die **Flächen des Kopfes** und schließlich Köpfe mit **Hilfslinien**. Wenn du nicht genügend Zeit hast, lass weg, was du nicht brauchst. Man braucht manchmal nur 5 Minuten Warm-up.

Tag 7: Noch einmal das Programm von gestern.

Das **Warm-up** lockert die Hände, die **Schläuche** öffnen das Denken in **Dimensionen**, der **Würfel** erinnert dich an die **Perspektive**, die **Flächen des Kopfes** bringen den Fokus auf **Flächen und Kanten** (das Wichtigste beim Zeichnen) und die **Hilfslinien** bringen dich sicher durch den Dschungel der komplexen Form. Übe diesen Ablauf jeden Tag und du wirst dich enorm steigern in kurzer Zeit. Und es müssen nicht immer Köpfe sein. Probier auch mal andere organische Formen aus.
Nicht vergessen: Abstände und Winkel messen – so erstellst du eigene Hilfslinien.

WOCHE 4 - SCHATTEN

Wir beginnen mit Übungen rund um **Licht und Schatten**. Gesichter scheinen schwierig, sind aber ein idealer Weg zu lernen, wie man **alles andere** zeichnen lernt. Gesichter sind uns bekannt – und wir haben sie bereits geübt. Auch für Licht und Schatten hilft es, alles auf die simplen Flächen runterzubrechen, wie du es gelernt hast.

Dazu gibt es jetzt viele Formen zum Üben, die sich alle in komplexeren Strukturen wiederfinden.

An dieser Stelle wirst du wieder viele **Fotos** und **3D-Grafiken** im Buch finden. Denn egal wie gut man etwas abzeichnen kann, es wird immer Fehler enthalten. Nur mit Fotos (oder natürlich anhand einer realen Person bzw. eines realen Objekts) kannst du den korrekten Verlauf von Licht und Schatten studieren und durch Abzeichnen üben.

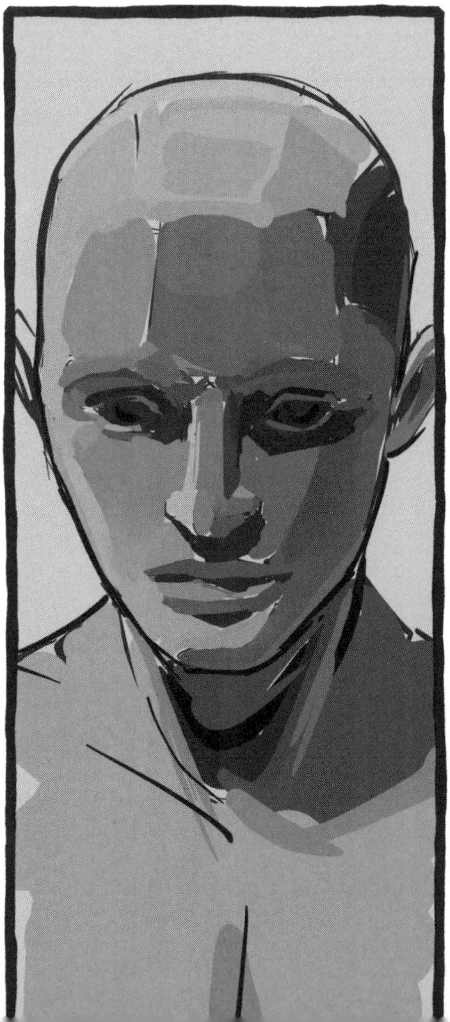

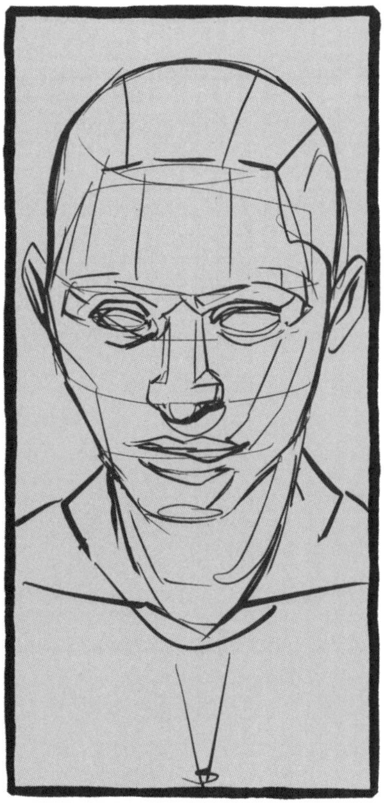

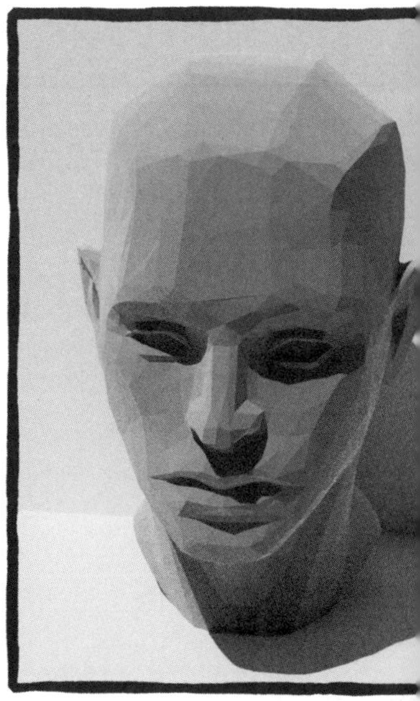

Auch hier wird es also wieder viel darum gehen, zu kopieren. Wir kombinieren und vertiefen Woche 1 bis 3.

Zum Einstieg zeige ich dir einmal, **wie ich** vorgehe, wenn ich mich an Schatten herantaste. Erst zeichne ich grob die Form, dann versuche ich, mich mit Gittern an die Flächen heranzutasten. Das muss gar nicht alles stimmen. Schau dir die Schatten und Lichter an, orientiere dich an diesen Flächen. Dann einfach schraffieren, um den Schatten darzustellen. Eine Übung dazu gibt es auf der nächsten Seite. Hier kannst du das erst mal frei Schnauze nachmachen.

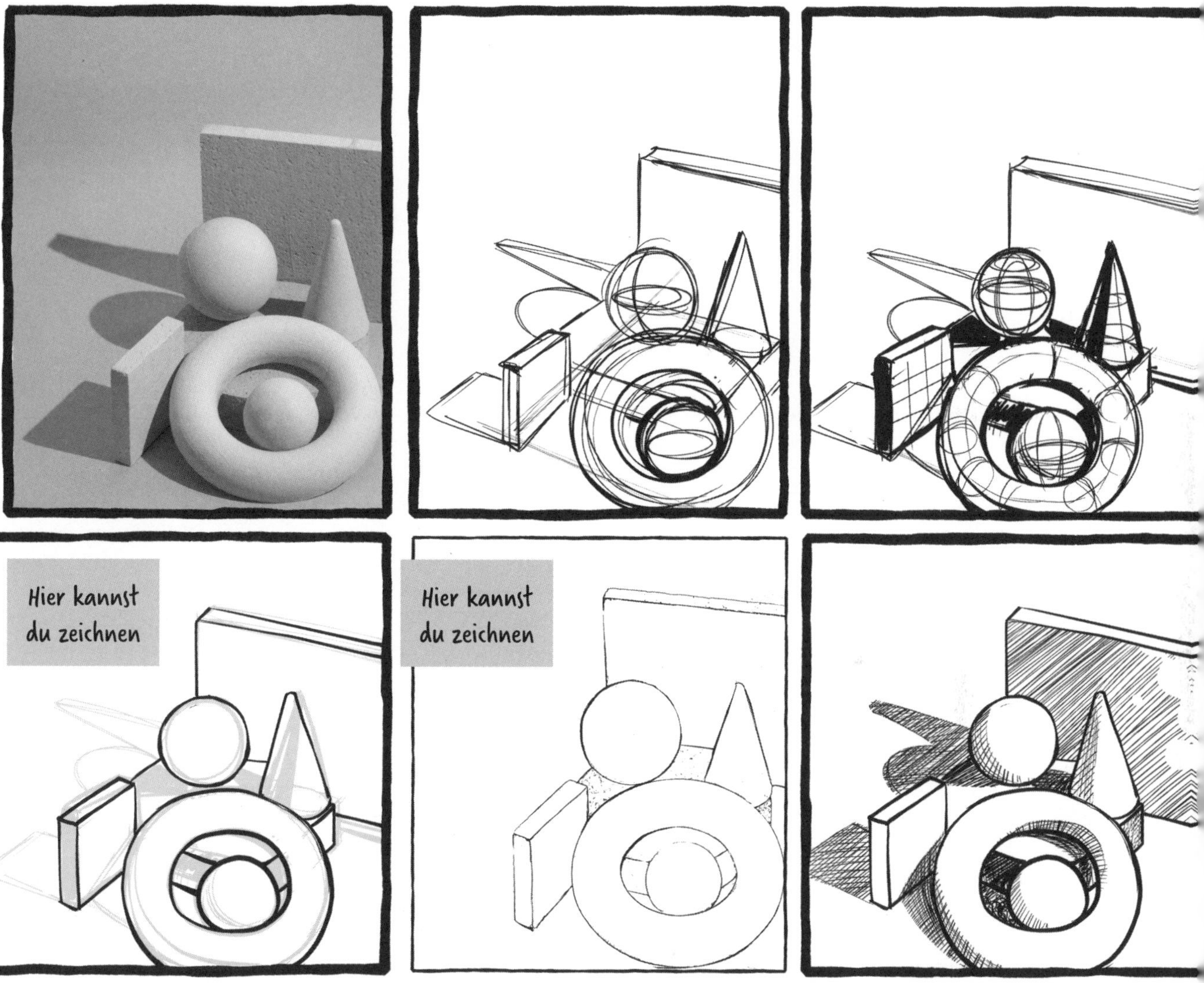

Zum Zeichnen von Schatten eignet sich ein Bleistift besonders gut, denn damit lassen sich weichere Übergänge erzielen. Mit einem Tuch oder Blendemittel kannst du den Bleistift verschmieren/verblenden/wischen.

Schatten als Fläche

Du kennst die Übungen aus den **Wochen 1, 2** und **3**. Es ist viel geworden, deshalb staffeln wir das jetzt gezielt. Diese Woche konzentriere dich beim Üben der anderen Inhalte eher auf **Perspektive und Formen**.

Du siehst hier einen eckigen Ball. Ich habe die Schatten bereits für dich markiert. Du musst dich jetzt nur an den Hilfslinien orientieren. Die Schraffuren findest du ebenfalls daneben. Folge mit den Linien der Rundung des Objekts.

Schraffurmuster 1 in die Fläche 1 der Kugel, Schraffurmuster 2 in die Fläche 2 der Kugel und so weiter und so weiter.

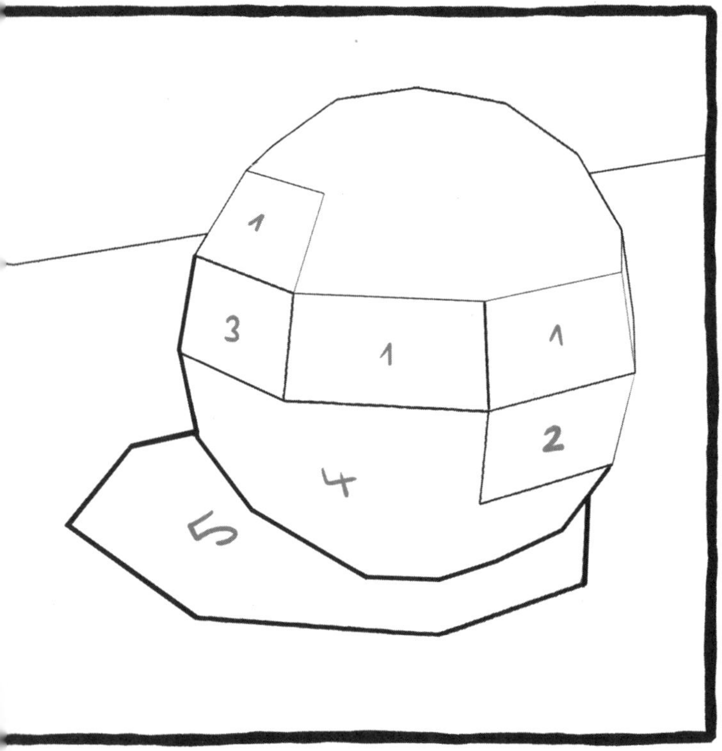

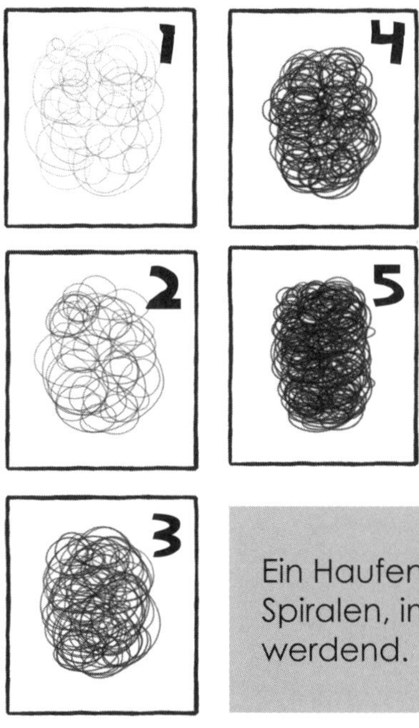

Ein Haufen krakeliger Spiralen, immer enger werdend.

Mehr einfache Formen als Linien und schattiert findest du hinter dem QR-Code.

Übung: Schraffuren

Schraffuren sind gar nicht so einfach. Du hast sie bei den Motorikübungen in Woche 1 bereits kennengelernt. Es geht darum, helle bis dunkle Flächen zu erzeugen, indem du die Fläche **mehr oder weniger** mit einem **Muster** füllst.

Für die, die mit **Bleistift, Kohle oder Pastellen** arbeiten, bedeutet das: viel Pigment auf dem Papier = dunkle Fläche, wenig Pigment = helle Fläche. Doch legt einmal diese verwischbaren Materialien beiseite und arbeitet auch mit einem Fineliner oder Kugelschreiber, um diese Muster hier zu erzeugen.

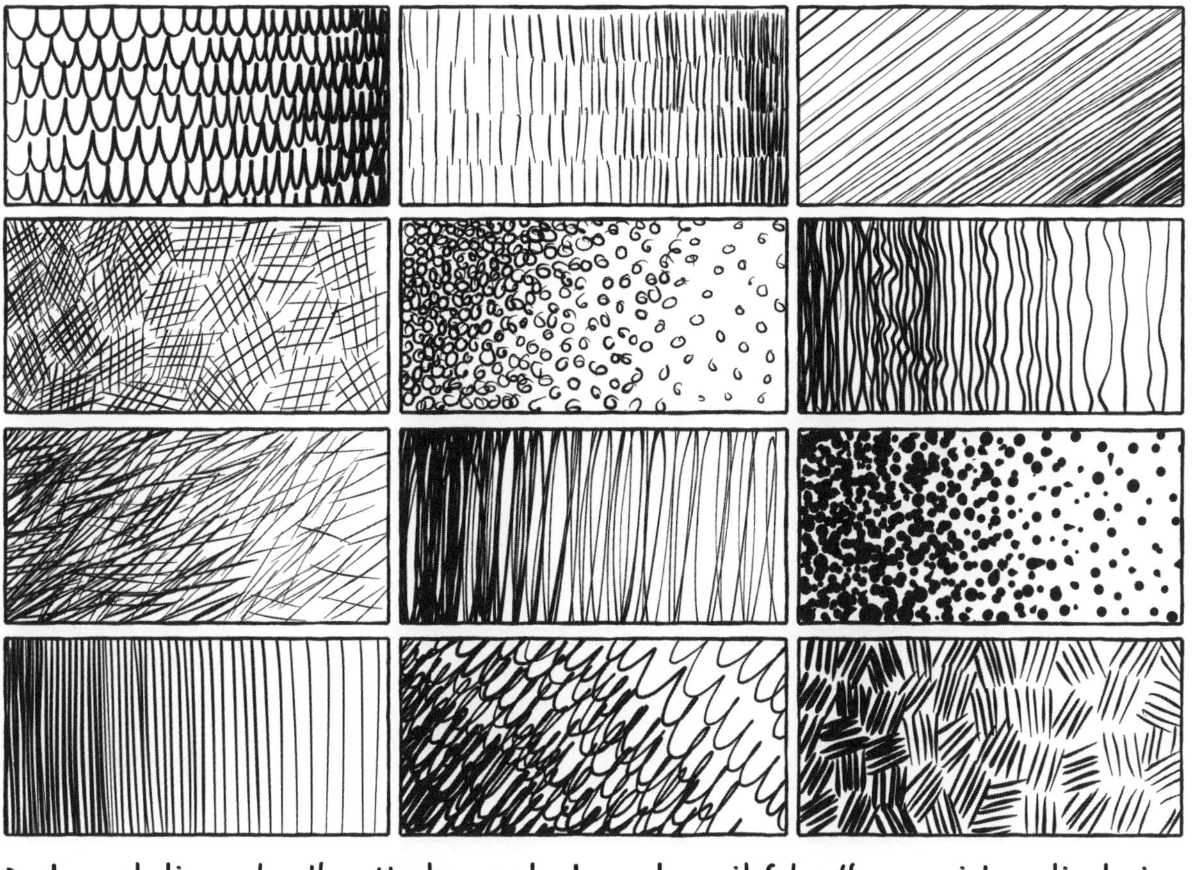

Du kannst dir auch selber Muster ausdenken oder mit Schraffuren spielen, die du im Internet findest. Denn diese Techniken sind uralt und es gibt viele Ressourcen dazu gratis im Netz.

LICHT + SCHATTEN

Formen nur mit Linien schön und gut. Aber das richtige Gefühl von Dimensionen und Tiefe kommt, wenn wir etwas Schattieren.

Jetzt wird es etwas komplizierter. Aber keine Angst: Mit einigen anschaulichen **Beispielen** wirst du das Prinzip von Schatten schnell verstehen.

Schatten ist die „**Abwesenheit**" von Licht. Licht sind elektromagnetische Wellen, die **von einer Lichtquelle ausgehen**. Unsere Augen können die Lichtquelle wahrnehmen und jene Objekte, auf die die Wellen treffen und von denen sie **reflektiert** werden. Diese Objekte sind dann hell und meist farbig, je nachdem, was für Licht reflektiert wird. (Das Farbspektrum ist an dieser Stelle erst mal egal, es ist ja ein Schwarz-Weiß-Buch, ha!) Wird wenig Licht reflektiert oder überhaupt keins, dann ist das Objekt dunkel bzw. der ganze Raum.

Das reflektierte Licht wird von unseren Augen aufgenommen und im Gehirn interpretiert. So entsteht der Eindruck von hell und dunkel.

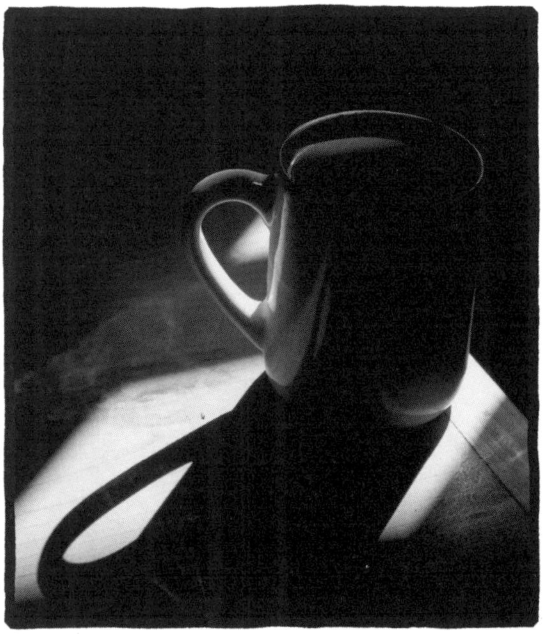

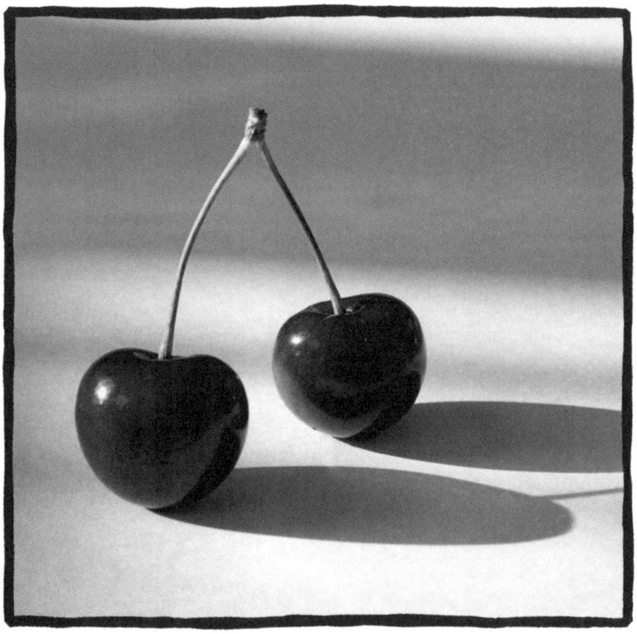

Nur Lichtquellen können in ihrem Kern rein **weiß** sein. Sehr reflektierende Oberflächen glänzen weiß, weil sie so viel Licht **reflektieren**. Sieh dich um, es gibt zwar Dinge die du als weiß bezeichnen würdest, aber gegen das Weiß des Himmels oder das Weiß einer Glühbirne kommt kein Blatt Papier der Welt an.
(Hier zählt die Realität, Fotos sind etwas anderes, da durch Belichtungszeiten mehr Licht abgebildet werden kann)

Reflektiertes Licht arbeitet nämlich wie eine Lichtquelle. Deshalb sieht man grün im Gesicht aus, wenn jemand eine Lampe in einem grün gestrichenen Raum einschaltet. **Die Wände reflektieren grüne Lichtwellen** und die scheinen dann unvorteilhaft auf das Gesicht.

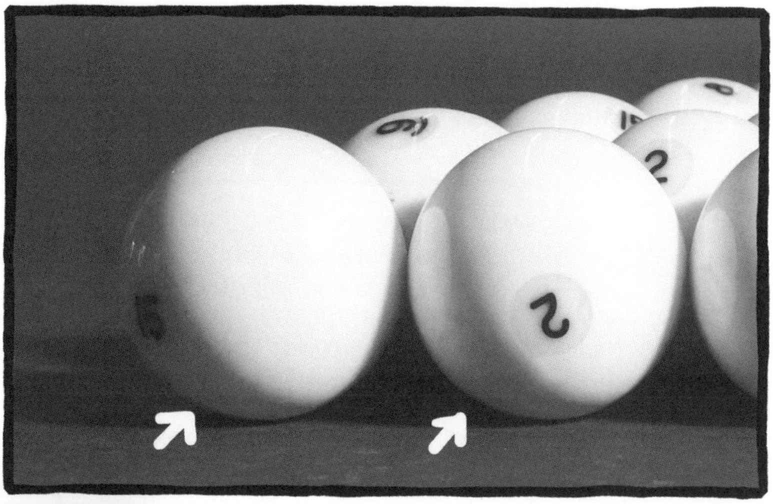

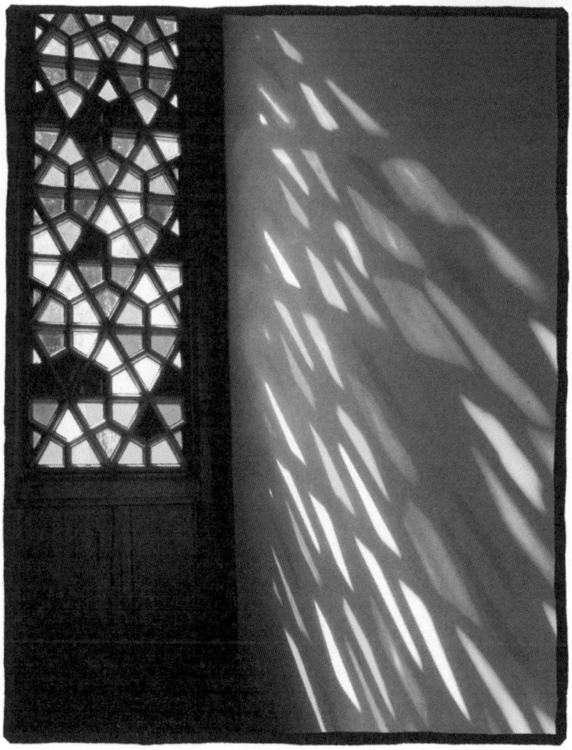

Überall dort, wohin Lichtwellen gelangen können, kann es hell werden. Die Oberflächen, auf die das Licht trifft, reflektieren dabei Wellen und erzeugen Umgebungslicht. Manche reflektieren kaum. Andere sind **durchlässig** und **verändern das Licht.** Licht, das durch eine rote Glasscheibe scheint, wird rot, weil alle anderen Lichtwellen herausgefiltert werden. Dieses Licht ist dann schwächer, aber es beleuchtet dennoch.

WOCHE 4

IM DETAIL

Anhand dieses Balls, der von einer Lichtquelle beschienen wird, erkläre ich dir nun die Begriffe, denen du immer wieder in Verbindung mit Licht und Schatten begegnen wirst.

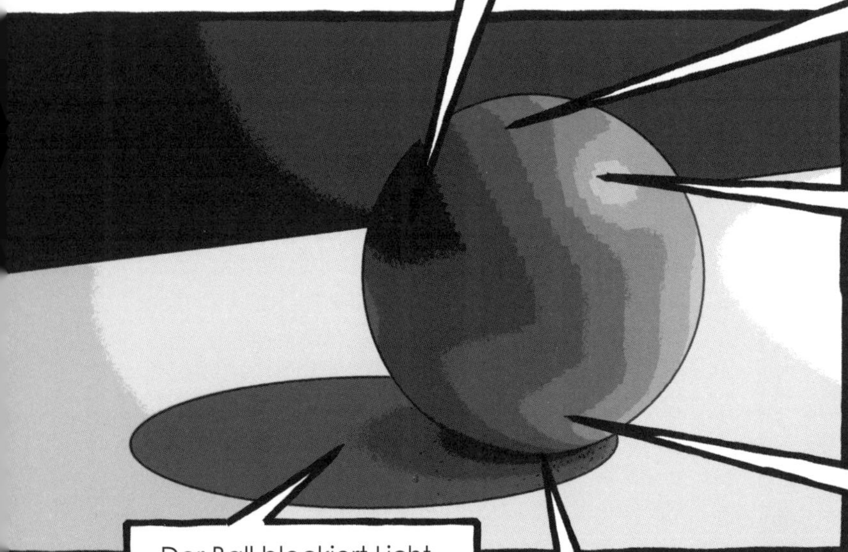

Kernschatten – der Körperschatten des Objekts, an den kaum Licht dringt, da das Objekt selbst das Licht blockiert.

Halbton – stärker erhellter Bereich, nicht direkt von der Quelle getroffen. Gut zu erkennene Farben.

Highlight (Glanzpunkt) – Lichtwellen werden in diesem Bereich stark reflektiert, das Objekt wird hier eventuell direkt beschienen.

Bouncelight (Lichtreflektion) ist vom Untergrund reflektiertes Licht. Das kann sogar farbig sein oder gar eine Spiegelung.

Der Ball blockiert Lichtwellen. Diesen Umriss sieht man als **Schlagschatten** in der Form des Objekts.

Schatten durch Umgebungsverdeckung (Okklusionsschatten) – entsteht, wenn ein Objekt auf ein anderes trifft.

Es gibt eine **Formel**, um Schatten zu **errechnen**, aber das führt aktuell zu weit. Wer Lust hat, sich damit zu beschäftigen, kann einmal das Internet durchforsten oder sich das Video anschauen, zu dem der QR-Code führt. Wir bleiben beim Bauchgefühl, das wir uns durch Abzeichnen und Referenzstudien erarbeiten. **Aber Teile hiervon im Hinterkopf zu behalten, hilft enorm, die Funktion zu verstehen.**

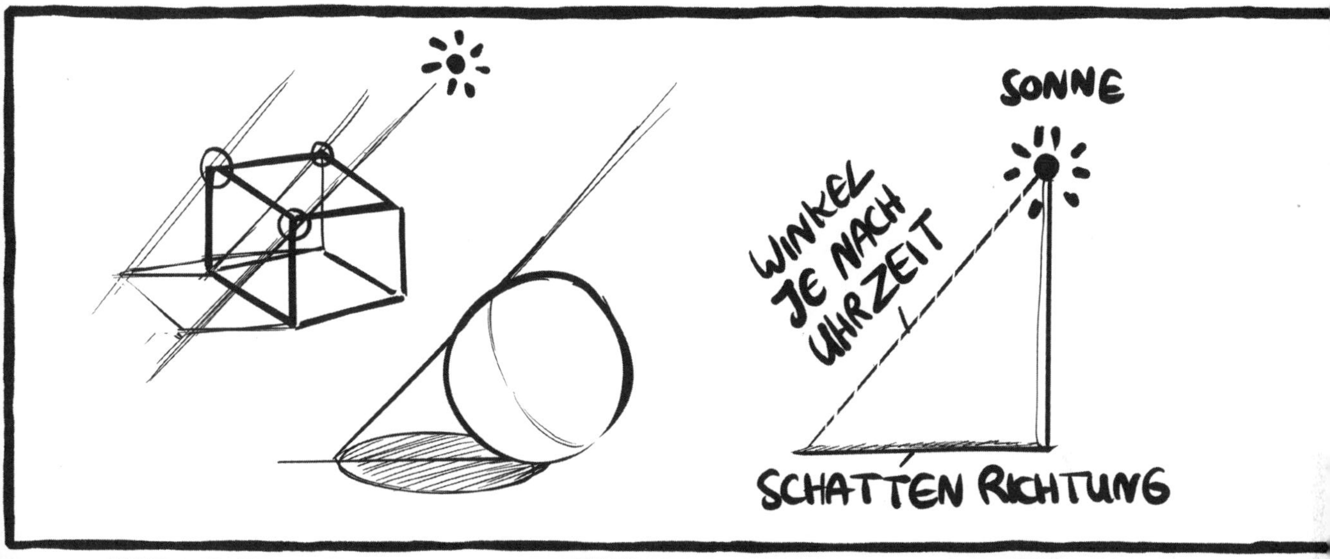

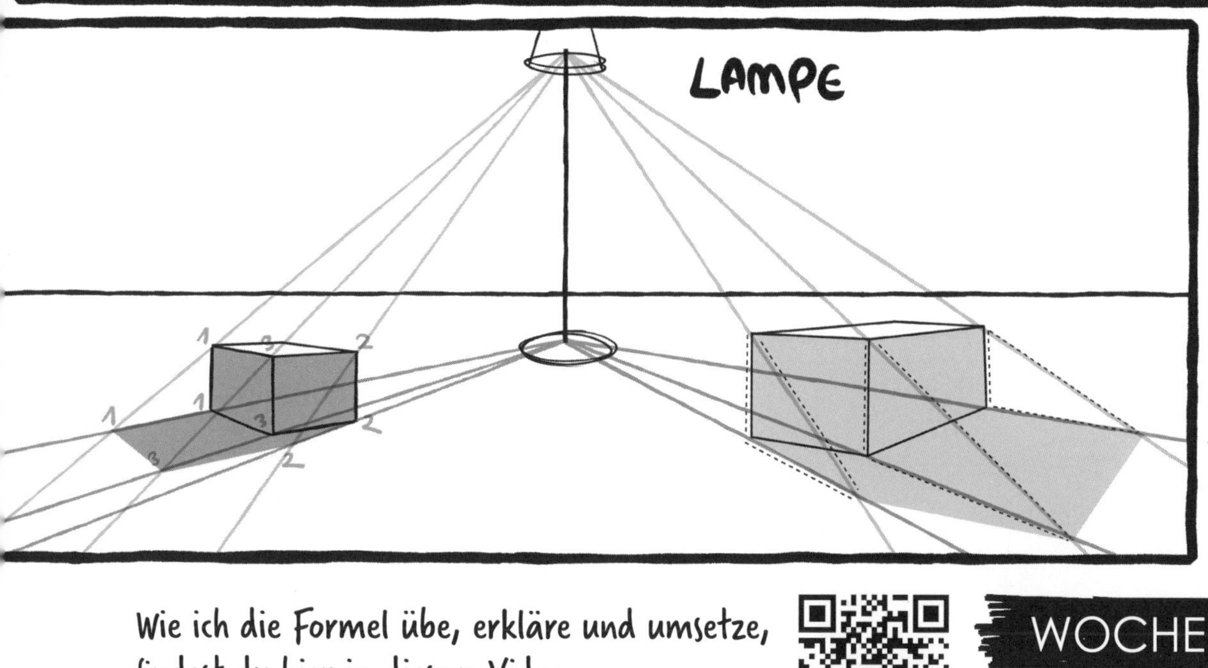

Wie ich die Formel übe, erkläre und umsetze, findest du hier in diesem Video.

WOCHE 4

Übung: Formstudien

Nach der vielen Theorie kommen wir nun endlich zur ersten Übung. Hier und auf der nächsten Seite siehst du einfache **Formen**, links ohne Schatten, rechts mit. Decke nun die rechte Seite ab und zeichne links die Schatten so ein, wie du es für richtig hältst. Denke an die Formel oder, wenn das zu schwer ist, nutze die rechte Seite als Referenz.

Vergleiche deine Ergebnisse mit denen auf Seite 61. Zeichne diese Objekte gerne wieder und wieder ab. Such dir ähnliche im Internet. Oder bastele aus Knetgummi selber Formen als Vorlage.

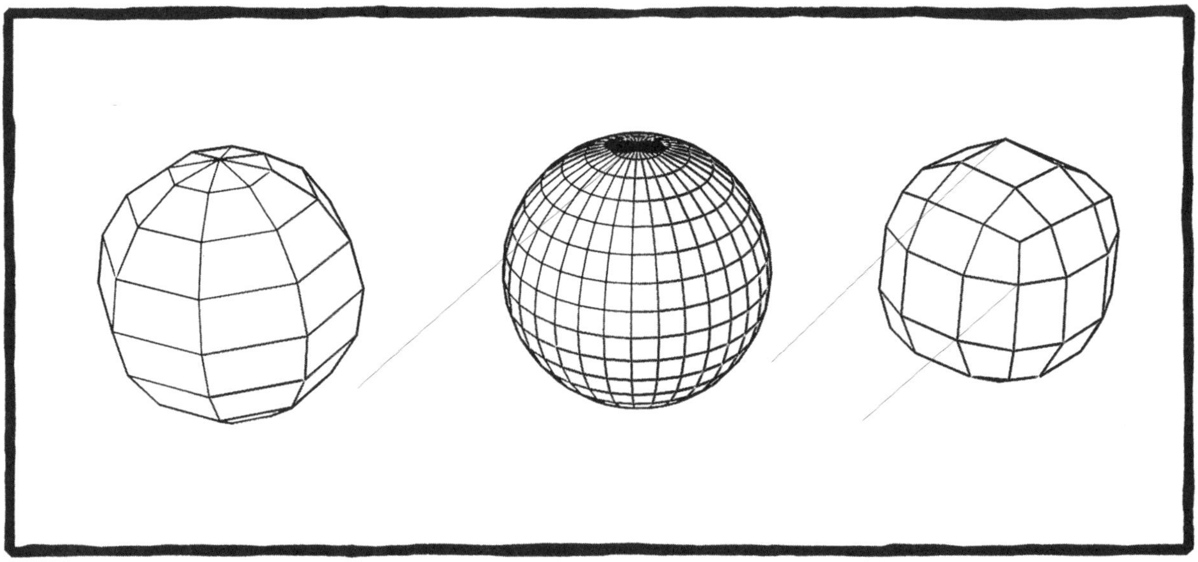

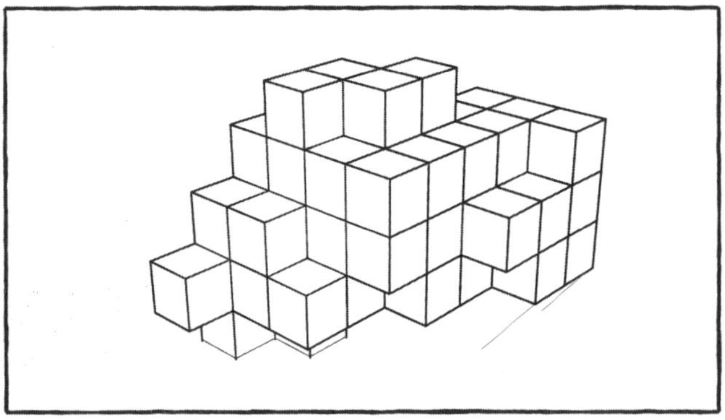

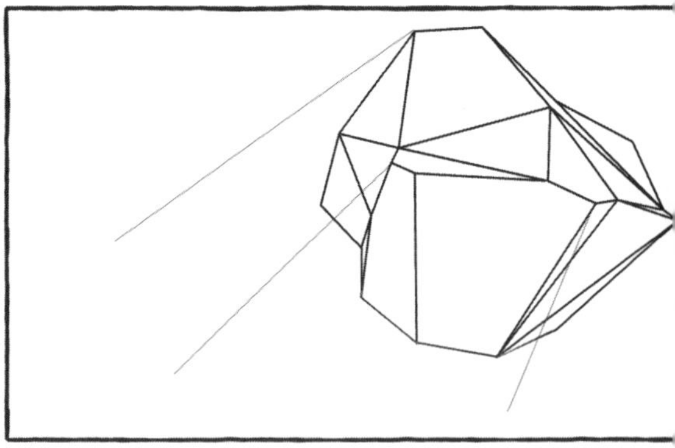

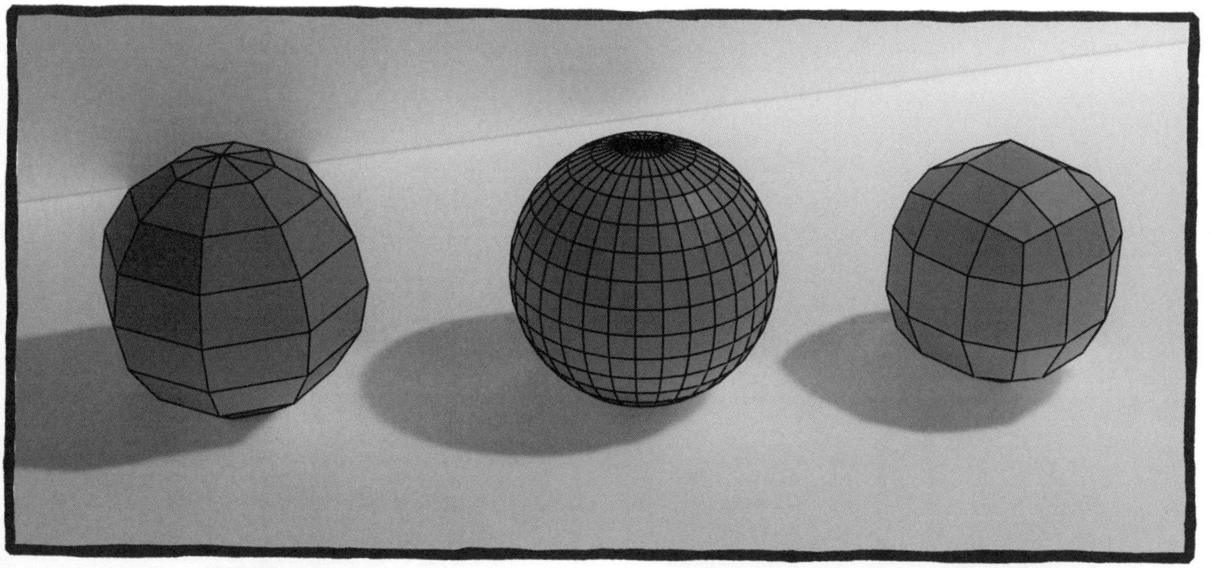

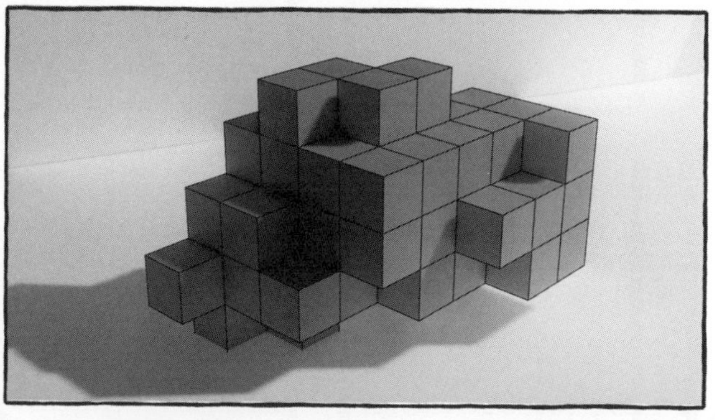

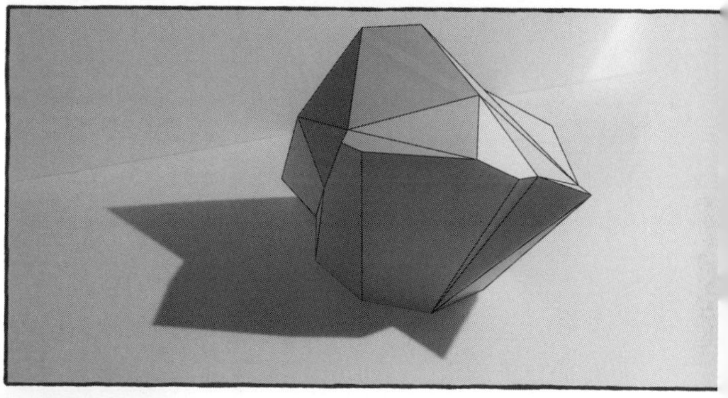

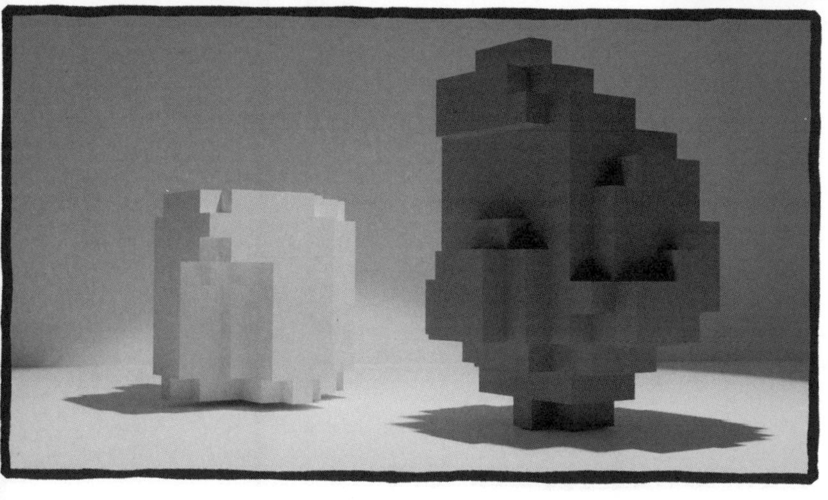

Mehr in einem 3D-Programm gerenderte Vorlagen zum Üben und Analysieren findet ihr hinter diesem QR-Code auf meiner Webseite. Der Ordner wird noch erweitert.

Je nach Stift, den du nutzt, sind deine Ergebnisse heller oder dunkler. Das ist okay. Es geht nur um das Erkennen der Schatten und der Richtungen.

WOCHE 4

Hier habe ich für dich noch ein paar kleine Übungen vorbereitet. Wenn dir die weichen Übergänge der schattierten Objekte zu kompliziert sind, denk immer daran: Du kannst die Schatten in Flächen aufteilen! Schraffuren hast du schon geübt. Setze verschiedene **Musterdichten** ein, um einen Verlaufseffekt zu erzielen.

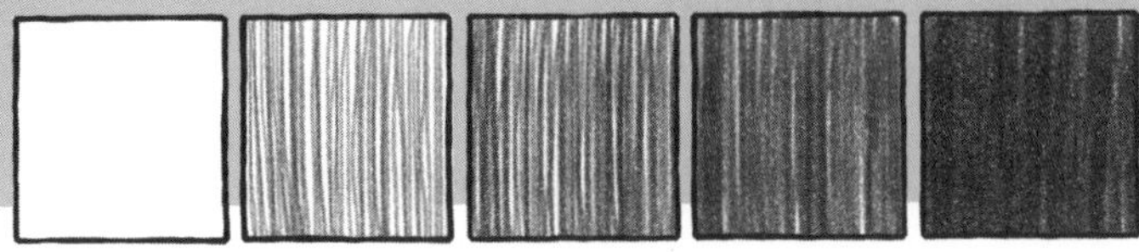

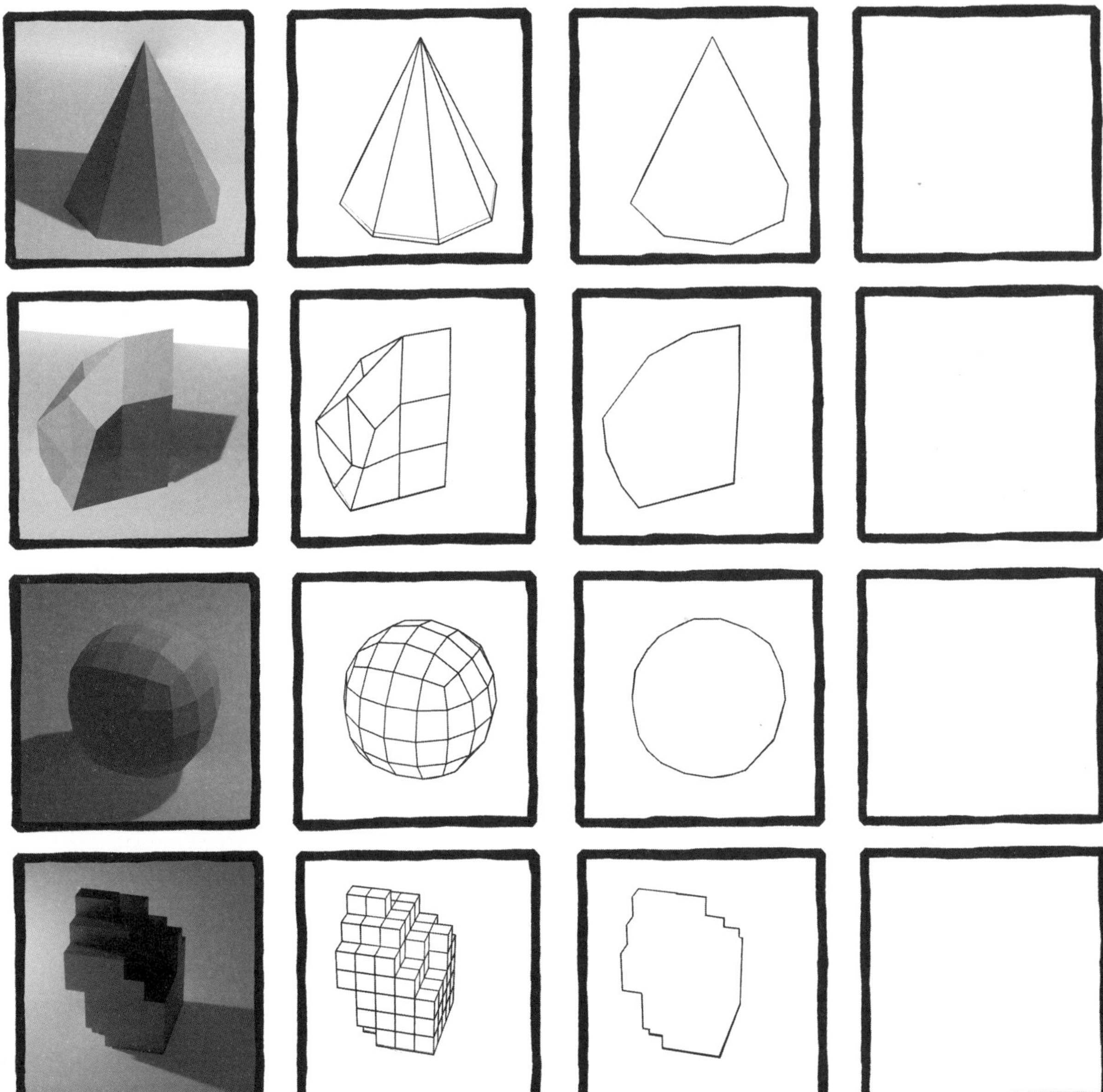

TRAININGSPROGRAMM WOCHE 4

Tag 1: **Schraffuren als Warm-up** (Seite 55) und dann einfache **Vorlagen** (Seite 54) mit Schatten abzeichnen.

Tag 2: **Schraffuren-Warm-up**, dann mindestens drei **Formstudien** wie auf Seite 60 beschrieben. Egal ob du Bananen oder Murmeln abzeichnest, ob du als Referenz Bilder aus dem Internet oder die Abbildungen in diesem Buch verwendest – sei kreativ und schau, was sich als Vorlage eignet. Hinter dem QR Code auf Seite 61 findest du mehr einfache 3D Vorlagen.

Tag 3: **Schraffuren-Warm-up**, anschließend **Schläuche** zeichnen (Seite 28), um das dimensionale Denken zu fördern, dann drei **Formstudien**.

Tag 4: **Schraffuren-Warm-up**, ein paar **Schläuche**, drei **Formstudien** und ein **Gesicht mit Hilfslinien** (Seite 44).

Tag 5: **Schraffuren-Warm-up**, dann bist du selbst gefragt. Such dir die Übungen aus dem Buch, auf die du heute Lust hast. Kombiniere auch einmal, was dir gefällt. Du kannst zum Beispiel **Schläuche** schattieren.

Tag 6: Schraffuren-Warm-up, dann wird es fortgeschritten. Schnapp dir die Übung „**Die Flächen des Kopfes**“ von Seite 43, zeichne einen Kopf und versuche ihn anschließend zu schattieren. Zieh ruhig Referenzen aus dem Internet zurate.

Tag 7: **Schraffuren-Warm-up**, zerlege anschließend **Nase**, **Augen** und **Lippen** in ihre einfachen Formen. Erinnere dich an Woche 3. Vielleicht hilft dir dabei ein Spiegel. Male sie so minimalistisch wie möglich und finde dadurch die **geübten Formen** in ihnen wieder. **Schattiere** sie anschließend.

WOCHE 5 - HANDWERK

Wir haben gelernt, dass man nur zeichnen kann, was man völlig **begriffen** und **verinnerlicht** hat. Dabei spielen **Techniken** eine große Rolle. Eine der wichtigsten Techniken is das Lesen einer Referenz. **Künstler arbeiten mit Vorlagen, meist gleich mit mehreren.** Je besser man die Elemente des Objekts versteht, desto früher kann man es aus der Erinnerung konstruieren.

Ich gehe hier im Detail darauf ein, was der Unterschied zwischen **Referenzen**, **Abzeichnen** und **Abpausen** ist, und wie man damit umgeht.

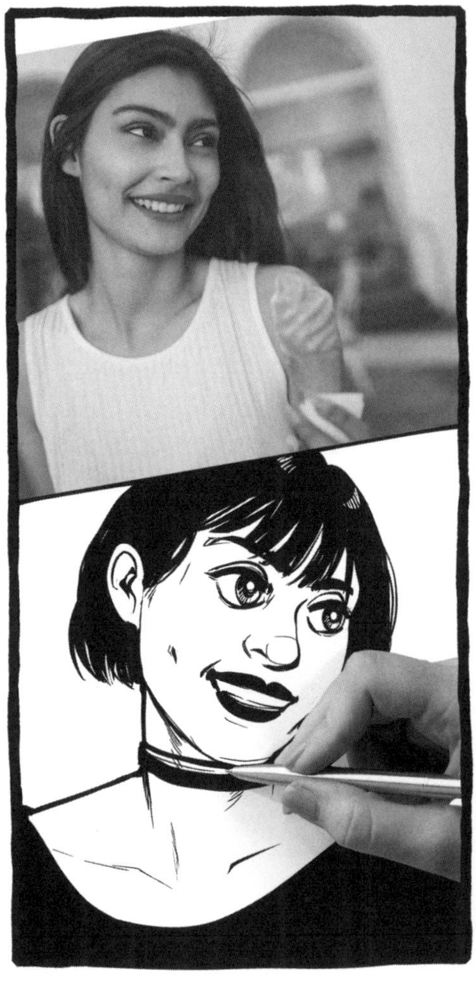

Eine **Referenz** ist eine Vorlage, die zu einem Teil des fertigen Produkts wird. Ein Foto für die Pose, die **Kleidung**, die **Lichtsituation**, für verschiedene andere Elemente. Du erstellst das Bild aus deiner **Vorstellung** und die Fotos helfen dir, das umzusetzen, was dir Schwierigkeiten bereitet. **Ein Puzzle.**

Abzeichnen ist ein weniger kreativ, aber nicht weniger wert. Ein abgezeichnetes Bild hat **sichtbare** und **deutliche Überschneidungen** mit der Vorlage. Dies kann zu rechtlichen Problemen führen. Je nachdem, wie nahe du der Vorlage kommst, gilt es als „Diebstahl". Es ist einfacher abzuzeichnen, man lernt viel – und ja, das ist immer noch dein kreatives Werk.

Abpausen hingegen ist keine eigene kreative Arbeit. Ein Bild eins zu eins zu kopieren ist eben nur genau das: **eine Kopie**. Dennoch solltest du abpausen. So ein Bild gehört dann in deine **Übungsmappe**. Ein Bild zu kopieren, indem man ein dünnes weißes Blatt darüberlegt und die Linien nachzeichnet, schult das **Verständnis** für Flächen und Proportionen. Oder man erarbeitet sich damit eine Bildkomposition, ehe man sich an das eigentliche Werk setzt. Eine Vorlage sozusagen.

Übung: Puzzle der Referenzen

Ein idealer Weg Motive für ein Projekt zu studieren ist:

1. Schreib die Bildidee auf und sammle die Referenzen, die zusammengepuzzelt dein Bild ergeben würden.

2. Pause die Referenzen ab.

3. Male die Referenzen ab.

4. Dann würfle die Referenzen auf einer Skizze so zusammen, dass sich daraus das eine Bild ergibt und kombiniere eigene kreative Arbeit mit Abmalen. Am Ende kommt ein völlig neues Bild dabei heraus.

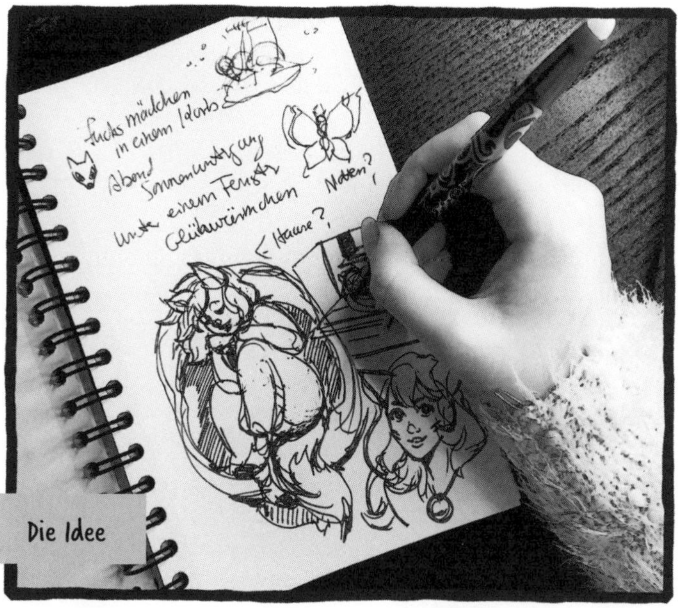

Die Idee

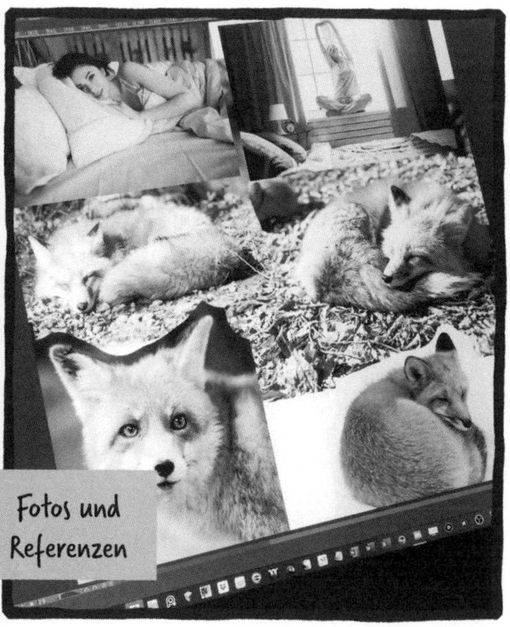

Fotos und Referenzen

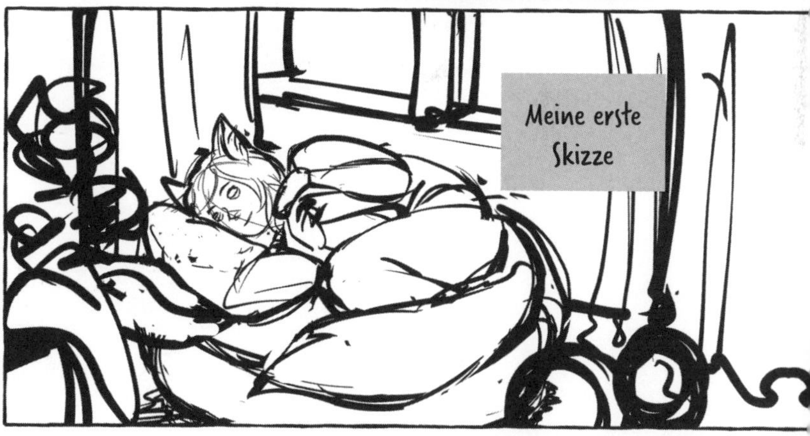

Meine erste Skizze

Ein Video zu dem Thema findest du hier.

WOCHE 5

KOMPLEXES DESIGN

Ein **perfektes** Bild ist eines, das **deine Geschichte** erzählt. Der auf den vorherigen Seiten beschriebene Weg hilft dir, dieser Perfektion möglichst nahezukommen. Ob du ein hübsches Gesicht malen willst oder ein tief emotionales Bild voller Symbole deiner Gefühlswelt – die Geschichte, die damit erzählt wird, ist deine Entscheidung und zum Teil die des Betrachters. **Jeder erlebt durch Kunst etwas anderes.**

Neben Referenzen gibt es noch weitere Techniken, die dir dabei helfen, deine Ideen umzusetzen.

Objekte und ihre Dimensionen, auch Licht und Schatten sind dir bereits ein Begriff. Jetzt fügen wir noch andere wichtige Aspekte hinzu:

- **Kraft / Schwerkraft**
- **Dynamik**
- **Ästhetik**
- **Stil**

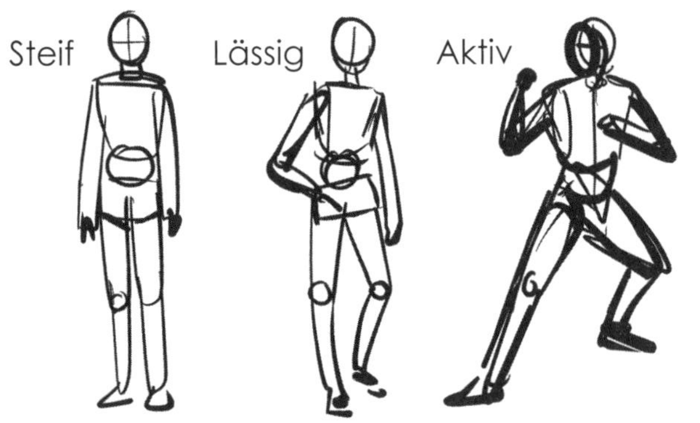

Ein Bild – zwei Stile

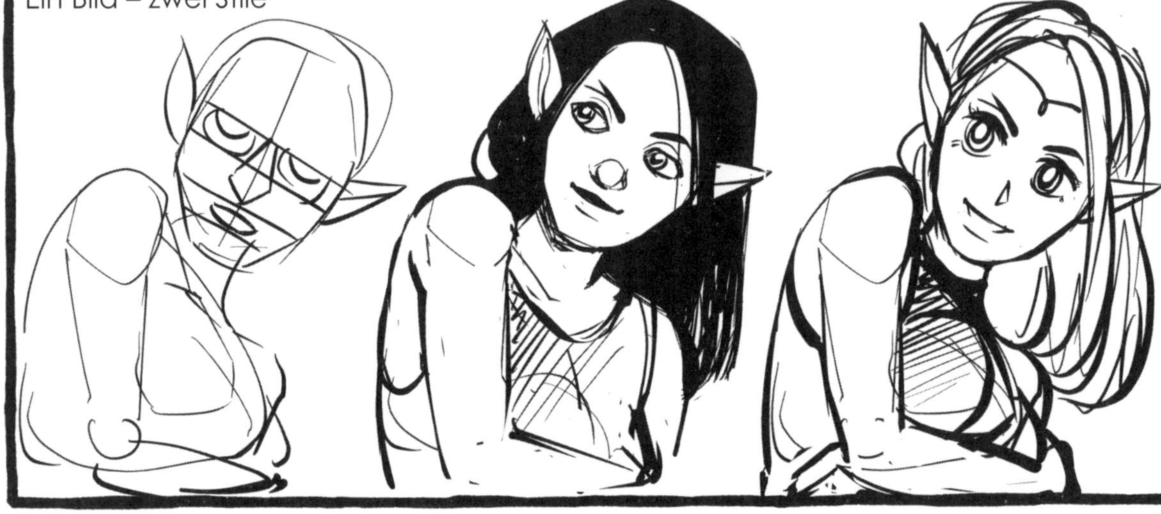

"SCHWERKRAFT?"

Ja, daran habe ich auch erst sehr spät gedacht. Aber die **Schwerkraft** ist wichtig für Zeichnungen, die sich **realistisch** anfühlen. Schau dir diese beiden Figuren an. Die eine Figur springt sichtbar, die andere scheint kraftlos zu schweben. Zum Springen muss man die **Schwerkraft** für einen Moment überwinden, durch die Muskelkraft. **Diese Energie im Körper ist sichtbar.**

Wenn Wind mit den Blättern einer Trauerweide spielt, wenn durch Druck ein weicher Gegenstand zusammengequetscht wird. **Kraft generell ist ein wichtiger Aspekt.** Insbesondere wenn es zur Balance kommt.

Schau hier, beide Menschen stehen auf ihren Füßen, aber bei dem einen Bild ist es klar, dass die Person umkippen würde. Das brauchst du nicht erst mitzuerleben, dein **Bauchgefühl** sagt es dir bereits.

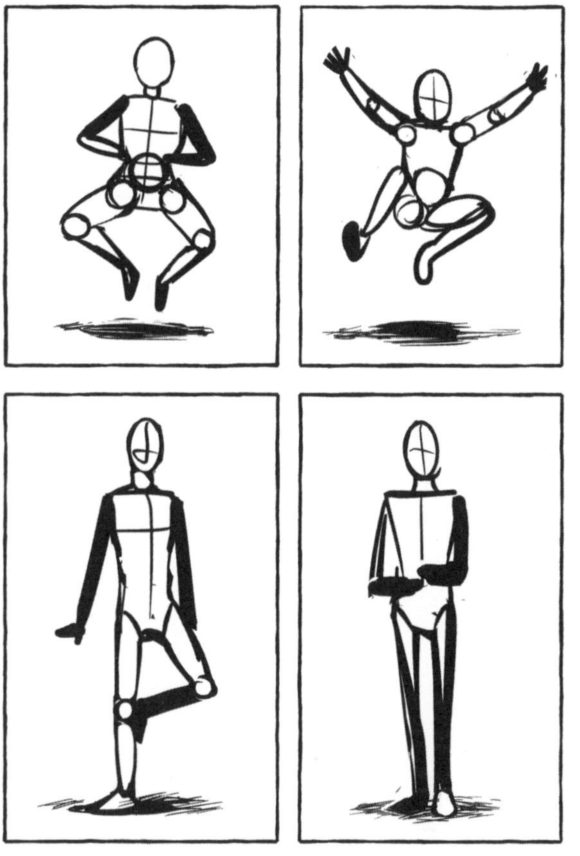

Die Kräfte, die in einem Motiv wirken, sind sehr wichtig.

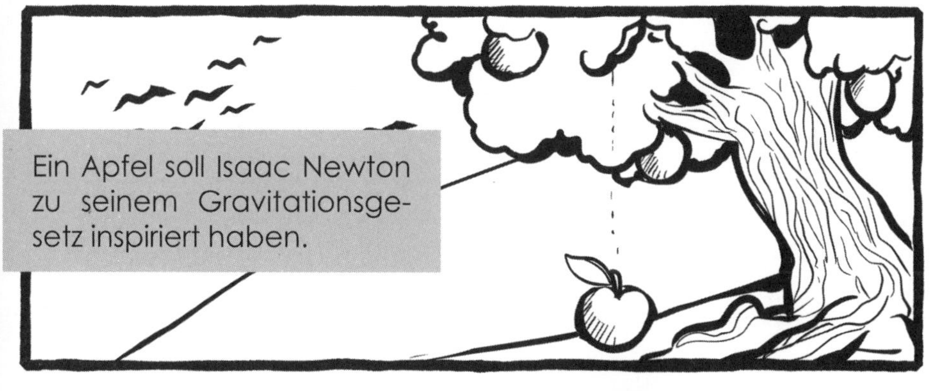

DIE BALANCE

Menschliche Körper **scheinen** um einiges **komplizierter** als geometrische Formen. Dennoch kann man sie ohne Probleme in diese simplen Objekte zerlegen, wie wir in Woche 3 gelernt haben. Gehen wir aber nun ins Detail.

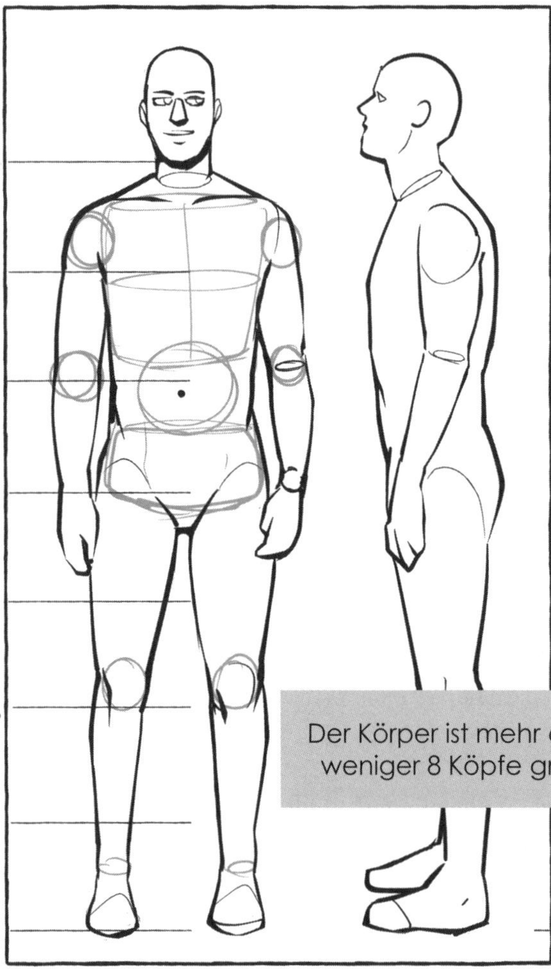

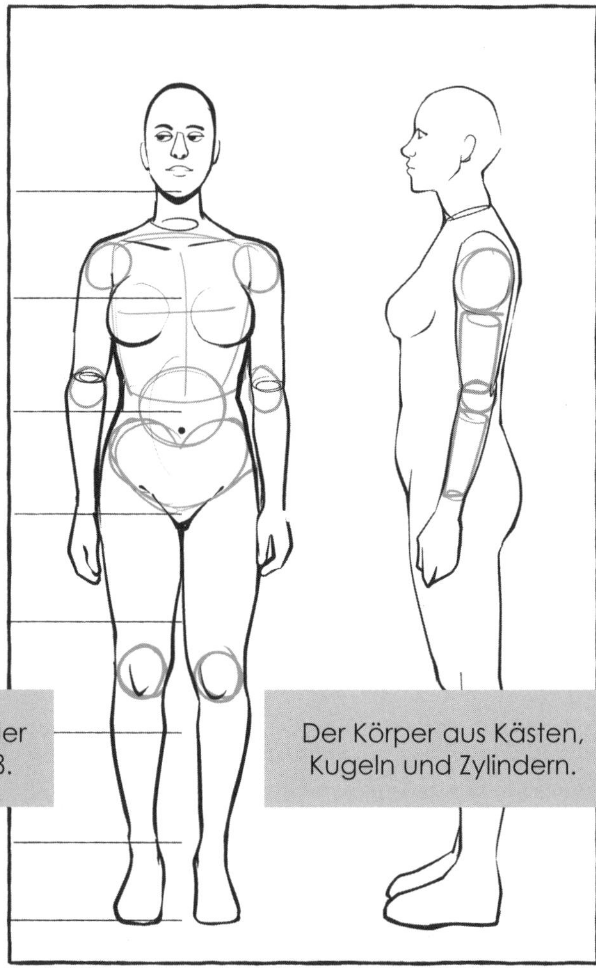

Diese Menschen sehen sehr steif aus, wie **Holzfiguren**. Warum? Weil die Zeichnung nicht berücksichtigt, dass ein Mensch immer unter der Auswirkung von Kräften steht. **Schwerkraft, Muskelkraft, Bewegungsenergie**. Wir bewegen uns, verlagern unser Gewicht. **Wichtigster Aspekt dabei: der Schwerpunkt.**

WAS IST DER SCHWERPUNKT?

Eine Masse hat einen **Massenmittelpunkt**. Das ist der Teil eines Objekts, auf den die **Schwerkraft** besonders stark einwirkt. Hängst du ein Objekt am Schwerpunkt auf, wird es völlig in Balance verharren, es wird gleichmäßig von der Schwerkraft nach unten gezogen.

Damit du den Schwerpunkt in deiner Mitte kontrollieren kannst, um nicht umzukippen, nutzt du deine Muskeln zur Balance. Menschen **verlagern** ihren Schwerpunkt, wirken ihm entgegen.

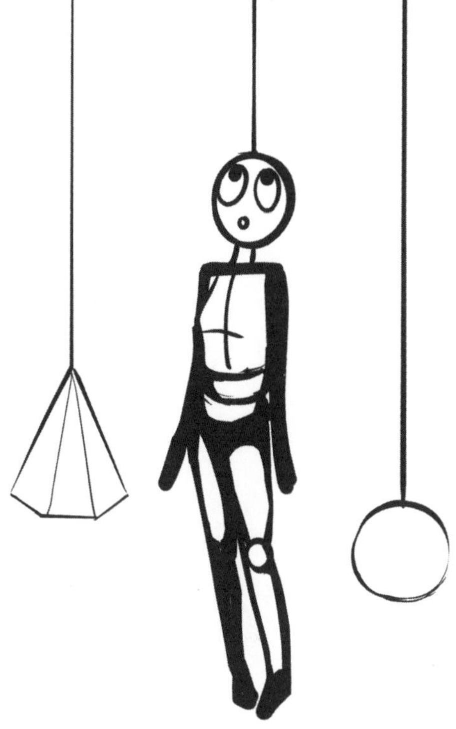

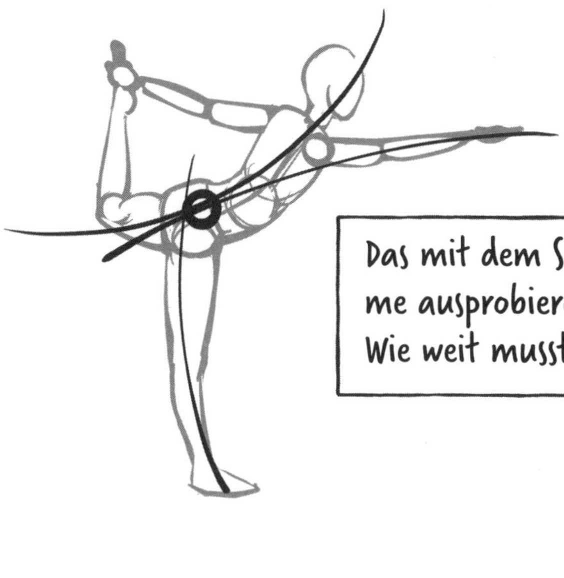

Das mit dem Schwerpunkt kannst du auch ohne Probleme ausprobieren: einfach mal vornüber ins Bett kippen. Wie weit musstest du dich dafür vorbeugen?

WOCHE 5

KÖRPER UND SCHATTEN

Es ist einfacher, sich an die **Formen** des Körpers heranzutasten, statt einen Menschen gleich realistisch zu zeichnen. Auf Seite 68 haben wir uns den menschlichen Körper in Formen unterteilt angeschaut. Nun gehe ich noch einen Schritt weiter zurück: **Strichmenschen.**

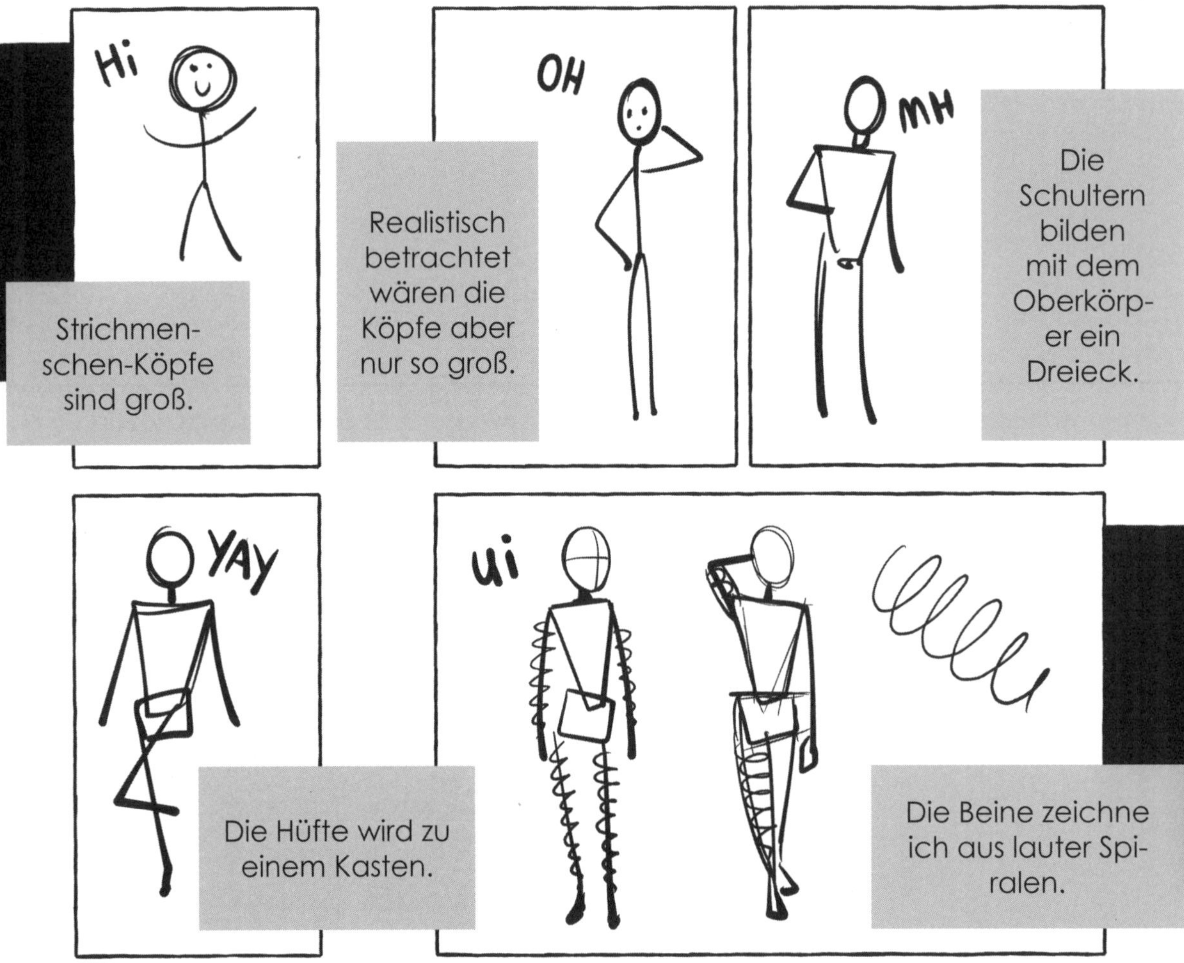

Ich stelle mir vor, die **Figur wäre aus Draht**. Ich kann an ihr ziehen, dann wird sie größer und alles länger. Ich kann auf sie drücken, dann stauchen sich die Linien. Bei menschlichen Körpern ist das so ähnlich, wir haben alle unterschiedliche Proportionen, jedoch mit gewissen Grundregeln.

Übung: Strichmenschen

Mit **komplexen Strichmenschen** kann man viele Posen nachstellen. Natürlich kannst du mehr Details einbauen, aber mit diesen simplen Figuren konzentrierst du dich beim Üben von Posen auf das Wesentliche: **die Dynamik und Kraft der Figur.** Wie verlagert sie ihren Schwerpunkt? Wie wirkt wohl die Kraft auf sie ein?

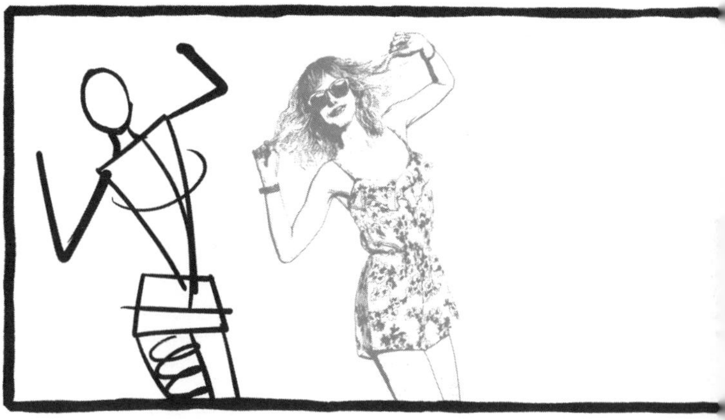

Es gibt viele Möglichkeiten für Dynamikstudien: **Beobachte die Menschen** in deiner Umgebung, Freunde und Familie, Besucher im Park. Such dir Bilder von aktiven Menschen aus dem Internet, schau dir einen Film an. Und dann fülle ein DIN-A4-Blatt voll mit daumengroßen Strichmenschen in den unterschiedlichsten Posen. Wenn du dir unsicher bist, wie lang die einzelnen Partien des Körpers sind, schau auf Seite 68 nach. Und vergiss nicht, die **Perspektive** zu beachten, dadurch verkürzen sich ja viele Linien, wie wir gesehen haben.

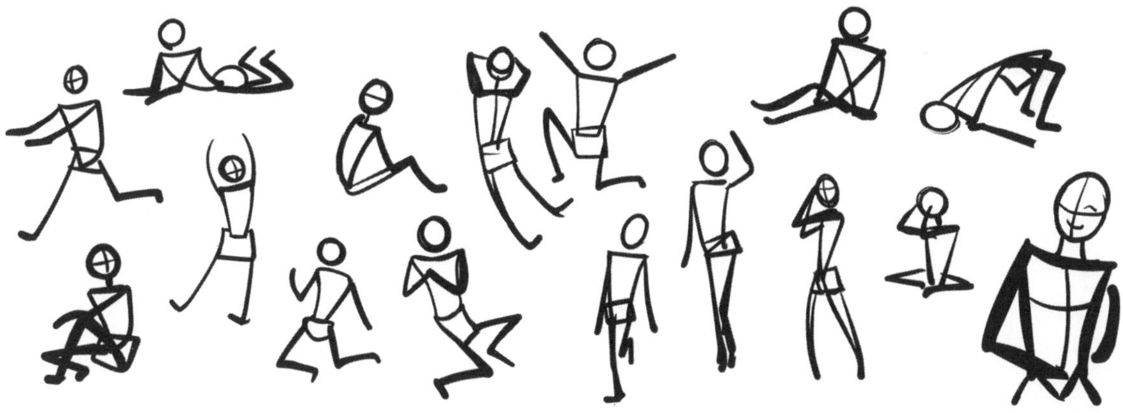

Wie ich solche Strichmenschen erstelle und mit ihnen Posen studiere, siehst du hier in diesem Video:

WOCHE 5

DYNAMIK

Vielleicht ist dir schon aufgefallen, dass eine Pose, sogar wenn du sie abpaust, irgendwie **steif** wirkt. Wie kann das sein? Du hast das Bild doch eins zu eins kopiert.

Nun, zum einen kann es mit deiner **Linienführung** zusammenhängen, dazu später mehr. Zum anderen, und das ist an dieser Stelle bedeutender, ist unser **Auge Bewegung gewohnt und keine Standbilder**. Wir nehmen mehr wahr als nur einen sich bewegenden Menschen, die ganze Umgebung spielt eine große Rolle. Wir sehen in der Realität alles im großen **Zusammenhang**. All das fehlt aber, wenn du nur die Pose abpaust oder einen Menschen ohne Umgebung zeichnest. Deshalb **übertreiben** Zeichner gerne ihre Posen, um die Energie, den Schwung des Bildes zu unterstreichen.

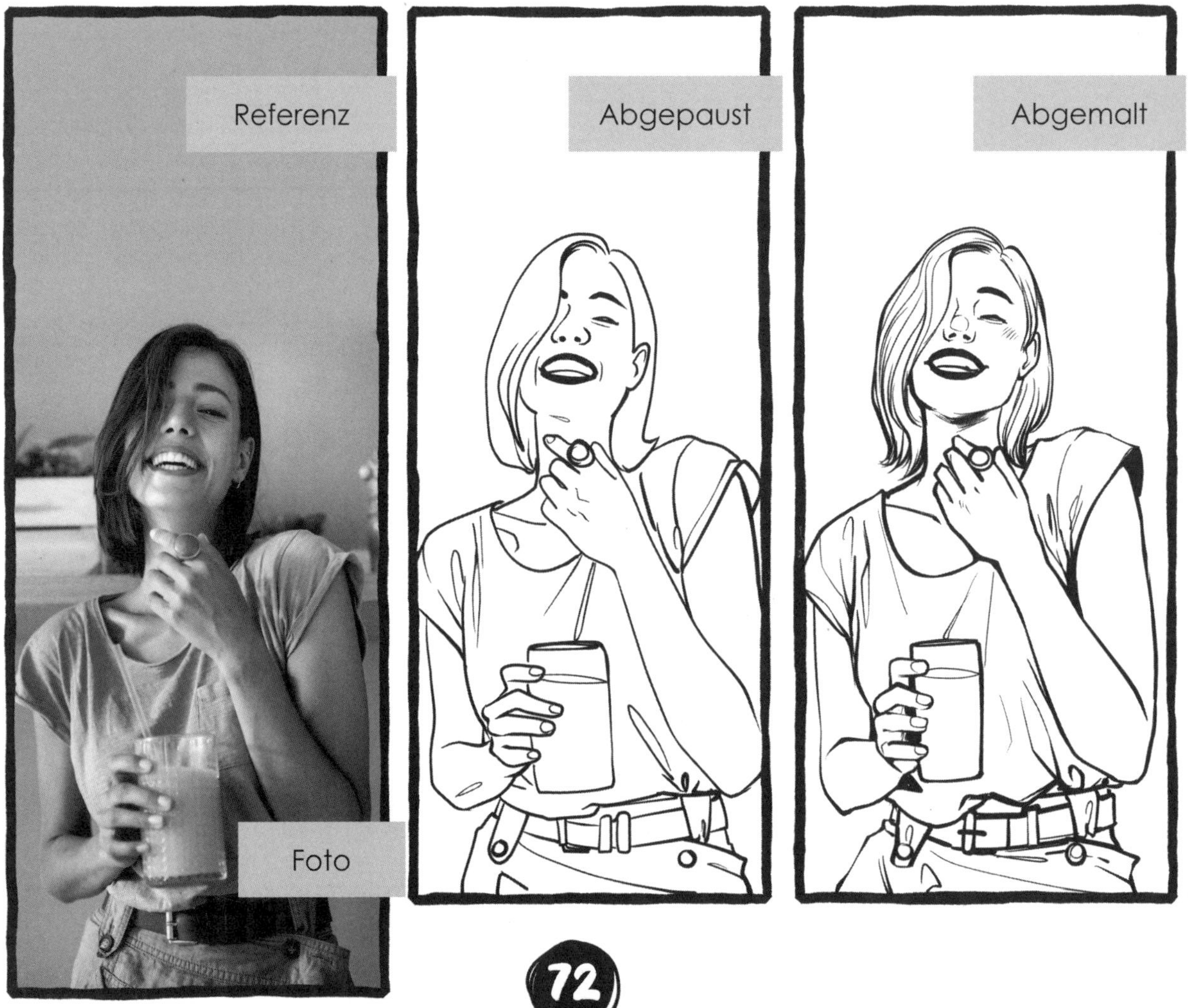

Übung: Dynamische Kurven

Du weißt selbst, wie komplex die Realität ist und wie unendlich viele Linien es bräuchte, um auch nur **annähernd fotorealistisch** zu zeichnen. Doch trotzdem kann man einen Körper mit nur **wenigen Linien** perfekt wiedergeben. **Das ist die hohe Kunst:** sich für die richtigen Linien zu entscheiden und sie korrekt zu platzieren.

Welchen Stil man dabei bevorzugt, ist **Geschmackssache**. Eines haben aber alle Stile gemeinsam: **Die Bilder zeigen Schwung und Kraft innerhalb eines beweglichen Körpers** und schaffen so die **Illusion** von Bewegung. Um das zu meistern, musst du die **Dynamik** eines Körpers erkennen. Den Weg dahin kennst du schon: **Wir sind wieder beim Abzeichnen.** Siehst du die Linie, die durch all die Posen führt? Suche diese dynamische Kurve in deiner Umwelt, auf Fotos etc.

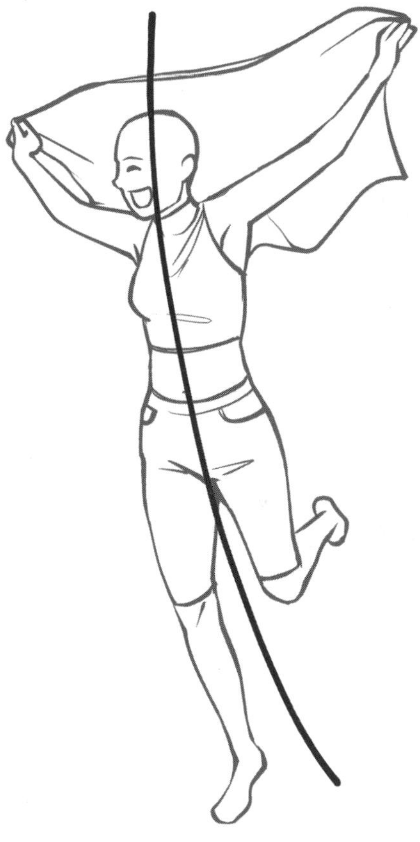

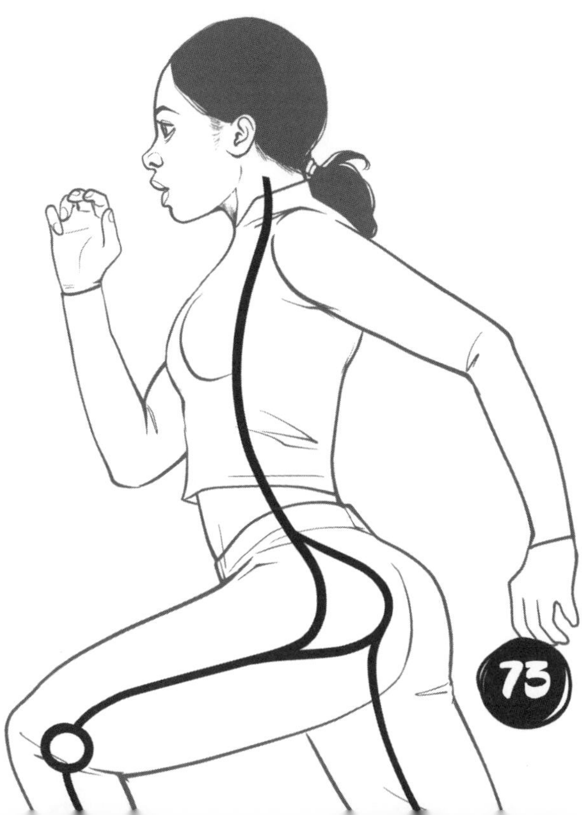

Zeichne Strichmenschen und ergänze Dynamik durch fließende Linien.

DER STIL

Die Entscheidung, welche Linien man zeichnen möchte, ist wie erwähnt auch eine Frage des **Stils**. Zeichnungen von Künstlern unterscheiden sich. Das sieht man besonders gut bei Comics. Jeder hebt andere **Merkmale** besonders hervor. Manch einer legt viel Wert auf die Details der Gesichter, oder gute Kontraste, insbesondere wenn es um Muskeln geht.

Die Geschichte, die du erzählen willst, kann mit dem richtigen Stil noch untermalt werden. Denn beim Bild einer hübschen Frau liegt der Fokus auf etwas anderem als bei der Zeichnung eines Superhelden in seinem Kostüm. Dein Stil kann sich also von allein ergeben, er kann aber auch bewusst von dir eingesetzt werden.

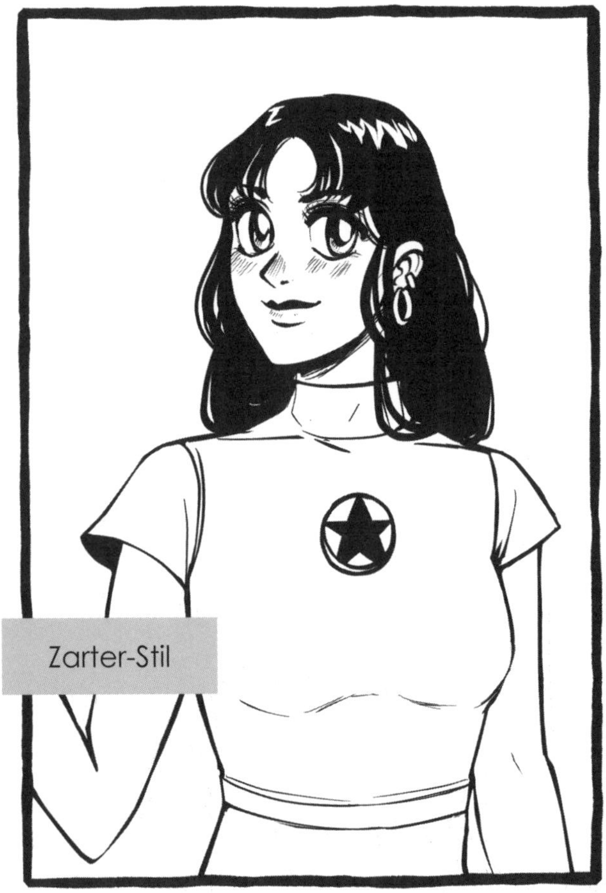

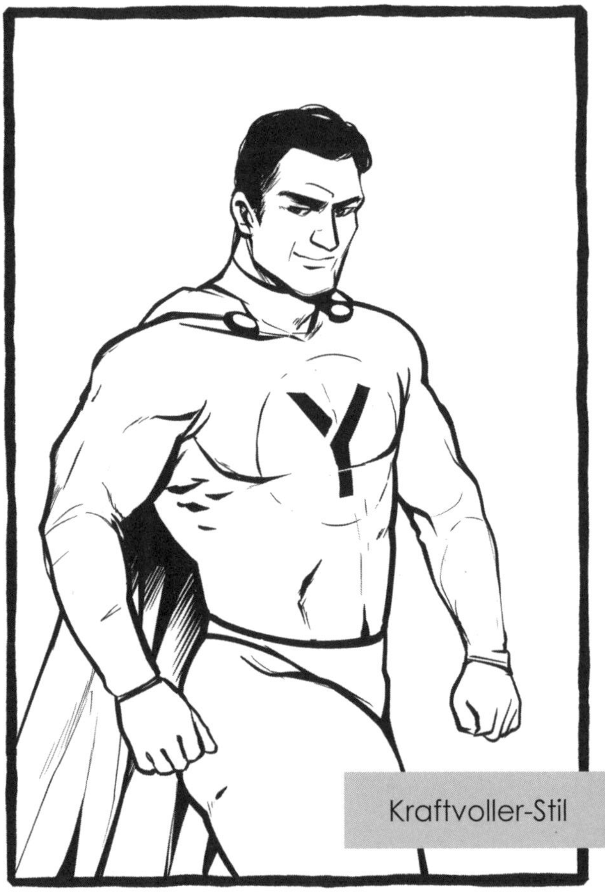

Die großen glitzernden Augen, die feinen geschwungenen Linien, die Details: All das hebt die **Schönheitsmerkmale** des Mädchens hervor. Das ist für einen kraftvollen Superhelden nicht unbedingt nötig. Die **Kanten und der Kontrast** der breiten Linien lassen sein Gesicht markanter aussehen. Am Ende entscheidet nur Geschmack. Keines dieser Bilder hier ist falsch. Auch weiche Linien ändern nichts an der Heldenpose. Doch können kraftvolle Striche eben gut Kraft vermitteln.

Wenn du ein Bild magst, stell dir die Frage: „Was daran gefällt mir und was nicht? Und wie sehen das andere?“ So wirst du nach und nach zu einem eigenen Stil finden.

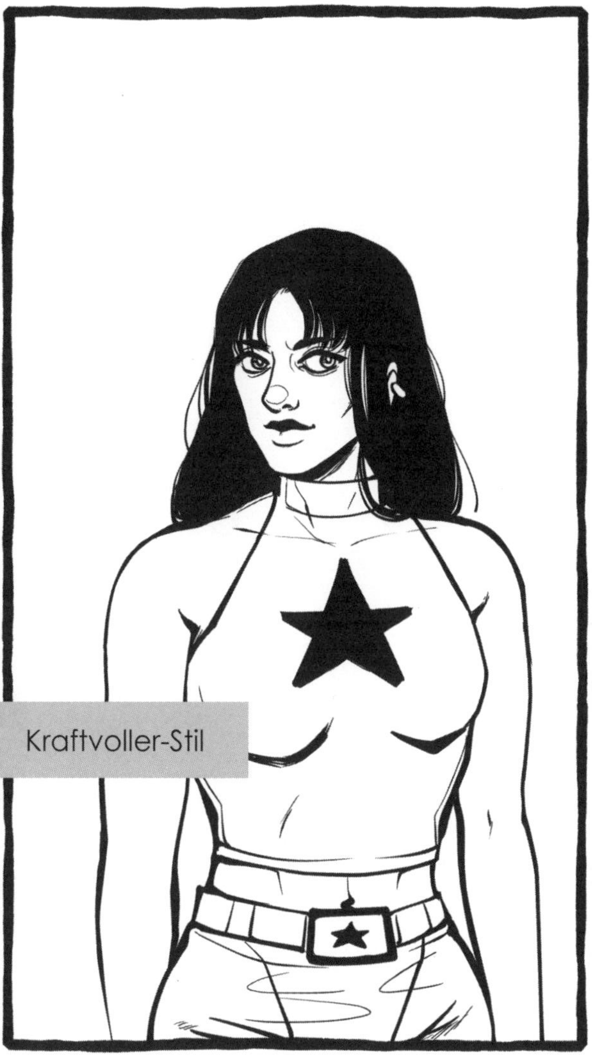

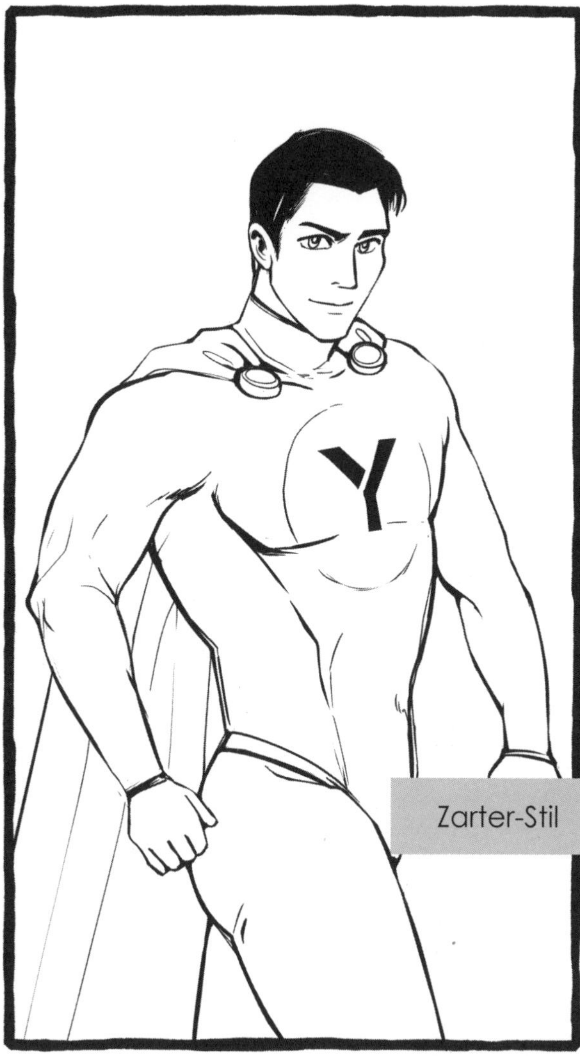

Ein Profizeichner kann seinen Stil übrigens beliebig anpassen. Je nach Geschichte, die erzählt werden soll, oder je nach Kunde.

Die verbleibenden Seiten werden immer weniger. Unserer bisher erarbeiteten Formel fürs Zeichnen können wir nun noch Kraft und Dynamik hinzufügen:

Form + Perspektive + Licht und Schatten + Kreativität + Dynamik und Kraft

Auf einen weiteren Aspekt möchte ich auch noch kurz eingehen: **die Ästhetik.**

Weil man damit allein jedoch ein ganzes Buch füllen kann, will ich mich hier auf ein paar **Tipps** beschränken und dich auf die Reise schicken, dieses Thema eigenständig zu erkunden, wenn es dich interessiert. Denn Zeichnen kann man auch ohne Ästhetik. Zeichnen ist Technik, Handwerk.

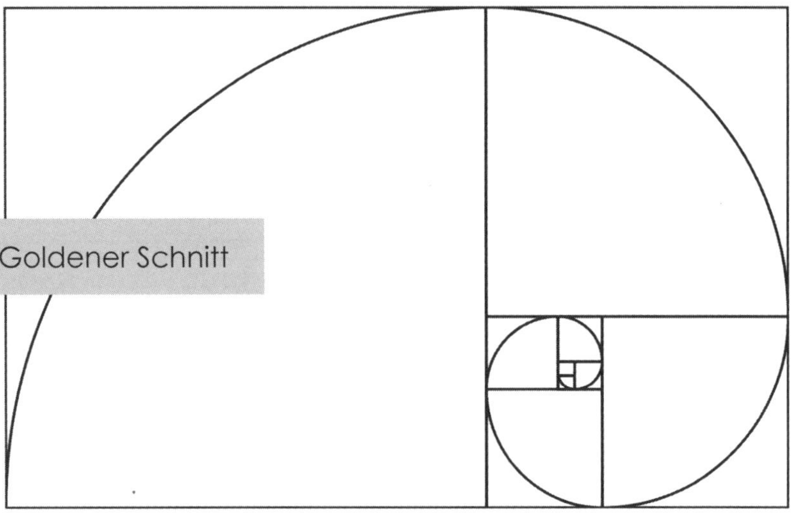

Goldener Schnitt

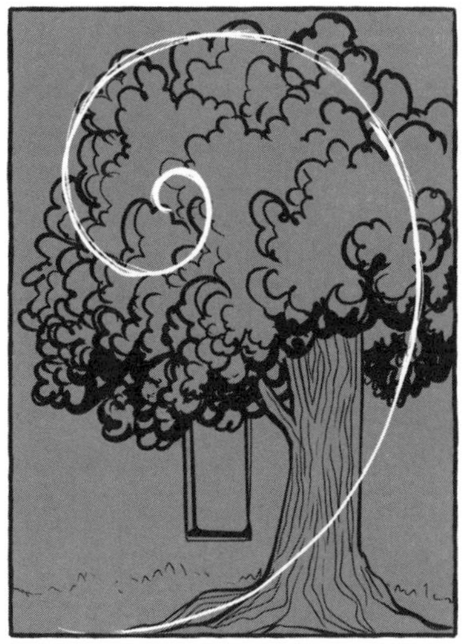

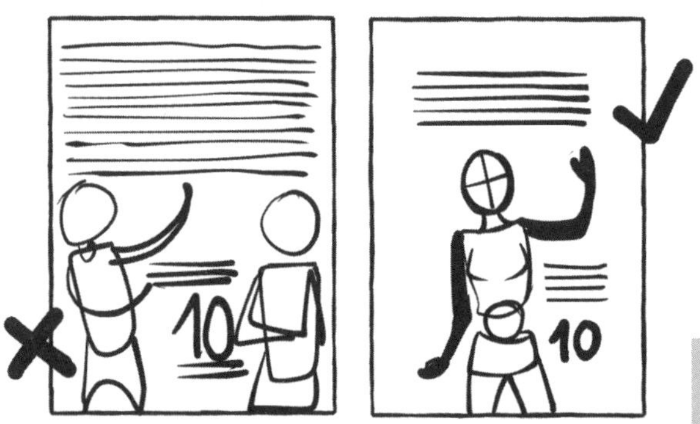

Abstände sind wichtig

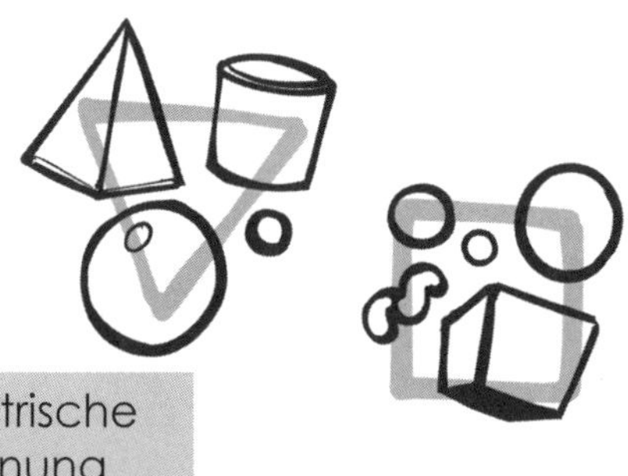

Geometrische Anordnung

Übung: Thumbnails

Auf der linken Seite siehst du den sogenannten **Goldenen Schnitt**. Sich mit ihm auseinanderzusetzen hilft, zu einer schönen Bildaufteilung zu kommen. Im nächsten Schritt solltest du sogenannte **Thumbnails** anfertigen, zu Deutsch: **Vorschaubilder**. Du findest unten auf dieser Seite einige Beispiele.

Thumbnails helfen, die passende **Bildkomposition** zu finden. Auf ihnen ordnet man alle Elemente des Bildes an und kann so prüfen, ob die gewünschte Wirkung erzielt wird.

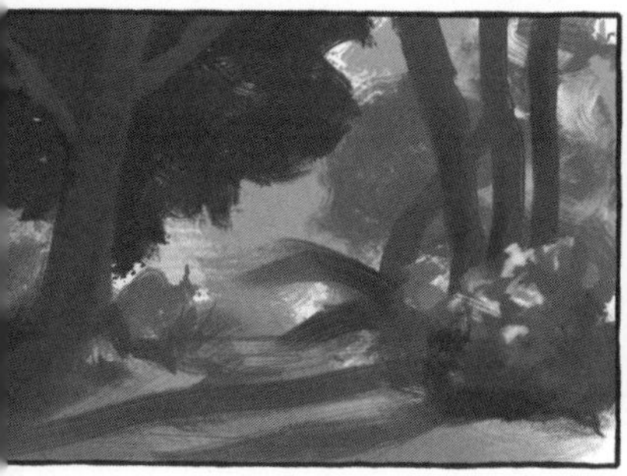

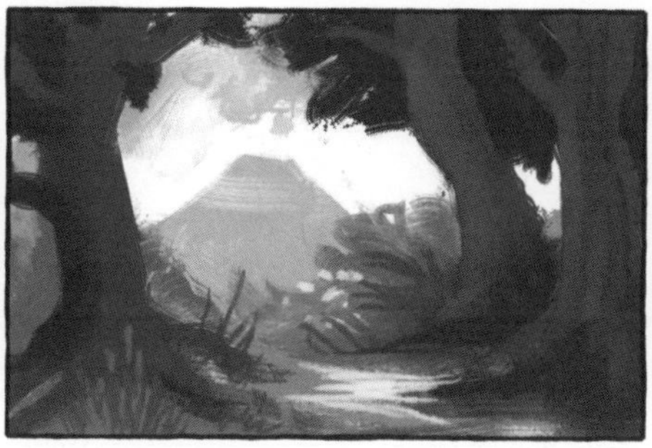

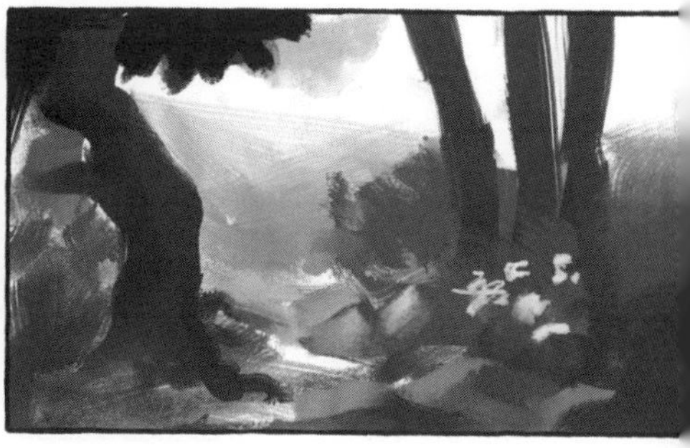

Das Bild in der Mitte wird dir *eventuell* sehr zusagen, es wirkt irgendwie **harmonisch, ausbalanciert**. Legen wir die Spirale des Goldenen Schnitts darüber, wird deutlich, dass sich die Elemente an ihr entlang **anordnen**.

Das ist kein Geheimrezept und funktioniert nicht immer. Es ist einer von **vielen Wegen**, um ein Bild stimmig zu gestalten. Andere Aspekte, wie die emotionale Bildwirkung, können ebenso entscheidend sein. Manchmal muss man mit der Ästhetik brechen, damit ein Bild bedrohlich, bedrückend oder unheimlich wirkt.

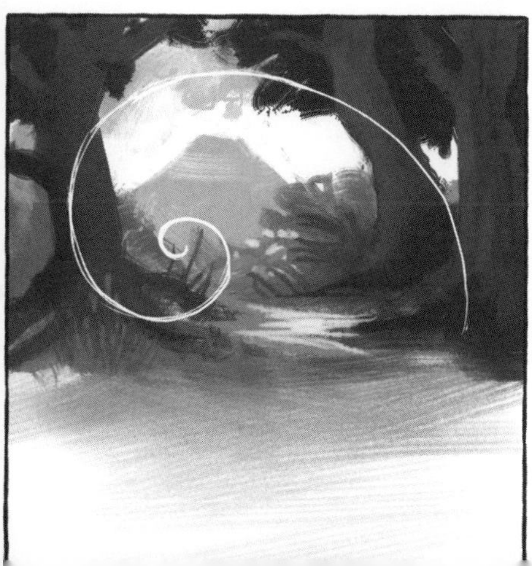

WOCHE 5

TRAININGSPROGRAMM WOCHE 5

Tag 1: **Warm-up**, fünf **Schläuche**, drei **Formen in Perspektive**.
Überlege dir anschließend ein Motiv, das du gerne zeichnen möchtest. Es muss nichts Besonderes sein, es soll nur zur Übung dienen. Schreibe erst einmal nur zusammen, was sich darauf befinden soll, und such dir **Referenzen** (wie auf **Seite 65** beschrieben). Fülle anschließend eine DIN-A4-Seite mit **Strichmenschen** (wie beschrieben auf **Seite 71**), achte auf die dynamische Kurve (Seite **73**).

Tag 2: **Warm-up**, fünf **Schläuche**, drei **Formen in Perspektive**. Dann erinnre dich an dein Motiv von gestern. Pause die **Referenzen** einmal ab, zeichne die **Referenzen** zweimal ab.

Tag 3: **Warm-up**, fünf **Schläuche**, drei **Formen in Perspektive**. Anschließend erstellst du heute ein paar **Thumbnails**, um dein Motiv zu planen (siehe Seite 77). Einfache Flächen reichen aus, du siehst ja, wie skizzenhaft sie bei mir ausgefallen sind. Auch für die Bildanordnung kannst du dir Referenzen suchen.

Tag 4: **Warm-up**, fünf **Schläuche**, drei **Formen in Perspektive**, noch mehr **Thumbnails**.

Tag 5: **Warm-up**, dann fünf **Schläuche**, drei **Formen in Perspektive**. Nun wird es Zeit, dein Motiv umzusetzen. Im ersten Versuch geht es dabei nur um die Übung, nicht darum, etwas Perfektes zu zeichnen. Schnapp dir die **Referenzen** und arbeite für den Rest der Woche an deinem Bild. Verwirf so viele Versionen, wie du magst.

Tag 6: **Warm-up**, dann fünf **Schläuche**, drei **Formen in Perspektive**, arbeite an deinem Motiv.

Tag 7: **Warm-up**, dann fünf **Schläuche**, drei **Formen in Perspektive**, beende dein Motiv. Ich würde mich freuen deine Fortschritte zu sehen und dieses Bild. Schick es mir gerne unter dem Hashtag **#KritzelPixelBuch** auf Instagram oder Twitter.

Das ist nicht das Ende!

Erstmal danke, dass du dieses Buch gekauft hast. Ich würde mich sehr über Feedback zu den Übungen freuen. Weiterführende Informationen findest du auf meinem YouTube-Kanal **KritzelPixel**. Dort werden offene Fragen beantwortet, denn auf alle Möglichkeiten kann man in einem einzelnen Buch kaum achten. Deshalb werde ich ausführlich auf **Leser-Feedback in Videos** eingehen.

Ich hoffe, die vergangenen Wochen haben dir so viele Einblicke in die Welt des Zeichnens verschafft, dass du von nun an **selbstständig üben** kannst.

Denn das ist Zeichnen: ein permanentes Üben, ein ständiger Weg.
Das große Geheimnis dabei ist, seine Umwelt zu verstehen.

Wenn du mit dem Zeichnen eines Bildes **beginnen** willst, dann **bereite dich vor** und **studiere die nötigen Motive und Objekte**. Manchmal durchforste ich Zeitschriften, das Internet, studiere die Bilder anderer, um viele Ideen für mich zu sammeln. Ein **Skizzenbuch** ist super, dort kann man alles aufschreiben und festhalten, was einem einfällt. Skizzenbücher dürfen übrigens hässlich sein – ich weiß, es gibt tolle Zeichner, die aus jedem Skizzenbuch ein Kunstwerk machen, aber das ist deren Ding. Ich brauche sie nur zum Üben, und Übungen sind eben keine vollendeten Werke.

Was ich darüber hinaus jeden Tag mache und dir auch empfehlen würde:
5 Minuten Warm-up, fünf Schläuche, drei Formen, ein Motiv erst abpausen, dann abzeichnen, dann verändert abzeichnen. Und anschließend irgendetwas Intensiveres: Perspektive, Licht und Schatten etc. – je nachdem, worauf ich Lust habe.

Probier es doch auch aus! Ich hoffe, du hast Blut geleckt und die wunderbare Reise in die Welt des Zeichnens ist für dich noch nicht zu Ende!

Weiterführende Literatur und Quell meines Wissens:

Bridgman, George B.: Constructive Anatomy (Dover Anatomy for Artists)

Guptill, Arthur: Rendering in Pen and Ink

Gurney, James: Art, Color and Light: A Guide for the Realist Painter

Robertson, Scott: How to Render: The Fundamentals of Light, Shadow and Reflectivity

Robertson, Scott: How to Draw: Drawing and Sketching Objects and Environments from Your Imagination

8. Auflage
Originalausgabe

in der Penguin Random House Verlagsgruppe GmbH,
Neumarkter Straße 28, 81673 München

produktsicherheit@penguinrandomhouse.de
(Vorstehende Angaben sind zugleich
Pflichtinformationen nach GPSR.)

Covergestaltung: Isabel Zimmermann
Bildnachweis: alle Fotos von © envato elements
Layout/Satz: Isabel Zimmermann
Druck und Bindung: DZS GRAFIK, d.o.o., Ljubljana
Printed in Slovenia

MIX
Papier | Fördert gute Waldnutzung
FSC® C106600

ISBN 978-3-517-30308-6